T0210101

essentials

Sylke Piéch

Internationale Talententwicklung in der digitalen Arbeitswelt

2., vollständig überarbeitete und
erweiterte Auflage

Sylke Piéch
Institut für Leadership & Human
Resources Management an der
Internationalen Akademie Berlin
Berlin, Deutschland

ISSN 2197-6708   ISSN 2197-6716   (electronic)
essentials
ISBN 978-3-658-28891-4   ISBN 978-3-658-28892-1   (eBook)
https://doi.org/10.1007/978-3-658-28892-1

Die Deutsche Nationalbibliothek verzeichnet diese Publikation in der Deutschen Nationalbibliografie; detaillierte bibliografische Daten sind im Internet über http://dnb.d-nb.de abrufbar.

Springer Gabler ist ein Imprint der eingetragenen Gesellschaft Springer Fachmedien Wiesbaden GmbH und ist ein Teil von Springer Nature.
Die Anschrift der Gesellschaft ist: Abraham-Lincoln-Str. 46, 65189 Wiesbaden, Germany

Was Sie in diesem *essential* finden können

- Bedeutung und Umsetzung der internationalen Talententwicklung in der digitalen Arbeitswelt
- Eine Übersicht zur internationalen Talententwicklung im Kontext des gesamten Talent-Management-Prozesses
- Schlüsselqualifikationen und Führungskompetenzen im Zeitalter der Digitalisierung
- Maßnahmen, Erfolgsprinzipien und Handlungsempfehlungen in der Entwicklung von Talenten
- Einen Einblick zum konstruktiven Umgang mit digitalen und interkulturellen Herausforderungen in der internationalen Talent- und Personalentwicklung
- Die Relevanz der Talententwicklung für die Erhöhung der Arbeitszufriedenheit, Mitarbeitermotivation und Personalbindung.

Inhaltsverzeichnis

Abbildungsverzeichnis

Einführung

1

Im Zuge der stetig voranschreitenden Digitalisierung und Internationalisierung sowie dem Wettbewerb um die Besten spielt das international ausgerichtete Talent-Management eine immer bedeutendere Rolle. Unternehmen und Organisationen richten ihre Aktivitäten verstärkt global aus, um z. B. internationale Wettbewerbsvorteile zu nutzen, dem Fachkräftemangel entgegenzuwirken und digitale Wachstumspotenziale auf dem Weltmarkt zu erschließen. Die internationale Talententwicklung zählt somit zu den wichtigsten Kerngebieten des Human Resources Managements. Die besonderen Herausforderungen des Aufgabengebiets liegen in der erhöhten Komplexität, da Mitarbeitende aus unterschiedlichen Kulturen mit einer Vielfalt an Werten, Einstellungen und Arbeitsweisen bei der Umsetzung von Personalentwicklungsmaßnahmen zu berücksichtigen sind. Damit sich Talente für einen bestimmten Arbeitgeber entscheiden, ist es erforderlich, die Unternehmens- und Führungskultur sowie die Talent-Management-Prozesse dementsprechend attraktiv zu gestalten. Zudem erfordert die fortscheitende Digitalisierung eine Neuausrichtung in der Personalpolitik. Der Einsatz neuer Technologien bringt eine Dynamisierung in den Berufsfeldern, Abläufen und in der Zusammenarbeit mit sich, sodass eine Neugestaltung der Arbeitsbedingungen immer wichtiger wird.

Beim Talent-Management geht es neben der Förderung der Besten auch darum, eine Arbeitskultur zu schaffen, in der sich jeder Mitarbeiter[1] motiviert fühlt, sein Bestes zu geben und seine Potenziale gezielt einzusetzen. Dies setzt jedoch das Wissen um die vorhandenen Talente und Potenziale voraus. „Entdecke deine Talente und verwirkliche dich selbst!" Dieser Slogan ist zum Motto des modernen Lebens geworden. Ein Blick in die Arbeitswelt verrät jedoch, dass die wenigsten Menschen

---

[1]Bei allen Bezeichnungen, die im Text auf Personen bezogen sind, meint die gewählte Formulierung beide Geschlechter.

© Springer Fachmedien Wiesbaden GmbH, ein Teil von Springer Nature 2020
S. Piéch, *Internationale Talententwicklung in der digitalen Arbeitswelt*,
essentials, https://doi.org/10.1007/978-3-658-28892-1_1

richtig um ihre Talente und Kompetenzen wissen und diese gezielt nutzen. Die persönliche Talententwicklung liegt zum einen in der Verantwortung jedes Einzelnen. Zum anderen tragen die Unternehmen die Verantwortung für die Schaffung bestmöglicher Arbeitsbedingungen, damit sich die Mitarbeitenden im Rahmen ihrer Möglichkeiten optimal weiterentwickeln können. Dabei ist es wichtig, den Fokus der Betrachtungen nicht nur auf die Vergangenheit und Gegenwart zu richten. Bei der Einschätzung eines Kollegen hinsichtlich seiner Potenziale sollte vor allem auch die Zukunftsperspektive mitberücksichtigt werden. Wichtig ist, dem Mitarbeiter die Möglichkeit zu geben, die entsprechenden Fähigkeiten und Kompetenzen zu erwerben und auszubauen. Ein „Hineinwachsen" in neue Aufgabenstellungen oder sogar ein „über sich hinauswachsen" ist nur möglich, wenn die individuellen Potenziale erkannt und gefördert werden sowie dem Kollegen das erforderliche Zutrauen für die Bewältigung der anstehenden Aufgaben entgegengebracht wird.

Viele Unternehmen und Organisationen stehen vor der aktuellen Herausforderung, Talententwicklungsprozesse aufzubauen bzw. bestehende Prozesse strukturell und finanziell effizienter zu gestalten. In diesem Buch erhalten Sie umfangreiche Informationen, was unter Internationaler Talententwicklung zu verstehen ist, wie die Einordnung in den gesamten Talent-Management-Prozess erfolgt, welche Dynamiken hinsichtlich der digitalen Transformation zu berücksichtigen sind und wie dieses relevante Aufgabengebiet erfolgreich in die Praxis umgesetzt werden kann.

Die hohe Aktualität und Zukunftsbedeutung dieses *essentials* resultiert insbesondere durch das Aufzeigen aktueller Trends und Entwicklungen bezüglich Digitalisierung und Künstlicher Intelligenz. Was sind Digitale Talente, was zeichnet Digitales Leadership aus und wie kann die Zusammenarbeit in virtuellen, interkulturellen oder hybriden Teams erfolgreich gelingen? Welche Schlüsselqualifikationen und Führungskompetenzen sind im Zeitalter der Digitalisierung relevant? Mit diesem *essential* gewinnen Sie ein umfangreiches Wissen, wie Sie Talente, auf der Basis einer zielgerichteten Personal-, Team- und Führungskräfteentwicklung, erfolgreich für Ihr Unternehmen gewinnen und binden können. Durch das Aufzeigen von konkreten Maßnahmen und Handlungsempfehlungen kann dieses Werk wie ein Kompass für die nationale und internationale Talententwicklung genutzt werden. Diese Publikation richtet sich an alle Entscheider und Verantwortlichen, sowohl auf operativer als auch auf strategischer Ebene, die die Wettbewerbsfähigkeit und Zukunft ihres Unternehmens bzw. ihrer Organisationen durch eine gezielte Personal- und Talentförderung sichern wollen. Zu betonen ist, dass ein erfolgreiches Talent-Management, neben der Verantwortlichkeit des Human Resources Managements, strukturell auch auf Geschäftsführungs- bzw. Vorstandsebene eingebunden sein sollte.

Was sind Talente? 2

2.1 Zum Begriff: Talent

Zur thematischen Einführung soll der Begriff Talent vorab näher erläutert werden. Wurde der Begriff in der Antike zunächst als Gewichtseinheit und später als Zahlungsmittel verwendet, so steht Talent heute – abgeleitet vom lateinischen „talentum" – für Menschen mit besonderen Fähigkeiten und Begabungen. Thom und Nesemann (2011, S. 25) verstehen unter Talente „alle Mitarbeitenden, die über ein hohes Potenzial zur Wahrnehmung komplexer Aufgaben verfügen und sich in der Entwicklung zu einem High Potential befinden oder (in relevanten Kompetenzen) bereits zu diesen zählen." In der Veröffentlichung: The War for Talent (Michaels et al. 2001) wird der Begriff Talent wie folgt beschrieben: „In the most general sense, talent is the sum of a person's abilities – his or her instrinsic gift, skills, knowledge, experience, intelligence, judgement, attitude, character and drive. It also includes his or her ability to learn and grow." In der Fachdiskussion existieren verschiedene Meinungen darüber, inwieweit der Ausbildungsgrad für die Talententwicklung ausschlaggebend ist. Tatsache ist, dass es auch unter Nicht-Akademikern überdurchschnittlich begabte Menschen gibt. Talente sind dementsprechend „in allen Ausbildungsformen und Berufen sowie auf allen Ebenen des Unternehmens" zu finden (Thom und Nesemann 2011, S. 26).

An dieser Stelle soll auf den Unterschied zwischen den Begriffen Talent und High-Potential hingewiesen werden. Nach Thom und Nesemann (2011, S. 25) zeichnen sich High Potentials insbesondere dadurch aus, dass sie durch sehr hohes Engagement und überdurchschnittliche Leistung auffallen, hervorragend qualifiziert sind und zusätzlich über weiteres Entwicklungspotenzial verfügen. In dem von Thom und Friedli (2008) entwickelten Personalportfolio wird erkennbar, dass Talente in der aktuellen Situation nicht unbedingt mit Top-Leistungen herausragen

© Springer Fachmedien Wiesbaden GmbH, ein Teil von Springer Nature 2020
S. Piéch, *Internationale Talententwicklung in der digitalen Arbeitswelt*,
essentials, https://doi.org/10.1007/978-3-658-28892-1_2

müssen. Die Leistungen können sogar gering oder mittelmäßig ausfallen. Jedoch besteht ein hohes Potenzial, diese Anforderungen in Zukunft bewältigen zu können. Demgegenüber erfüllen High Potentials die derzeitigen Anforderungen eines Unternehmens bereits im großen Umfang. Zudem verfügen sie über ein großes Potenzial, um komplexe Aufgaben auch in Zukunft bewältigen zu können.

Wie die geführte Diskussion zeigt, gibt es unterschiedliche Parameter, was unter dem Begriff Talent zu verstehen ist. Somit ist die spezifische Begriffsbestimmung im jeweiligen Organisationskontext vorzunehmen. Jedes Unternehmen bzw. jede Institution hat demzufolge zu klären, „[…] welcher Personenkreis mit welchen Merkmalen für sie unter den Begriff Talent fällt" (Ritz und Sinelli 2018, S. 13). Die Begriffsklärung richtet sich zum einen nach den spezifischen Unternehmenszielen, denn diese fungieren als wichtige Steuerungsinstrumente für operative und strategische Entscheidungen und ermöglichen die Planung, Umsetzung und das Controlling des Unternehmensgeschehens. Zum anderen spielt die Unternehmenskultur eine bedeutende Rolle, denn hierin liegt begründet, auf welche Art und Weise die Realisierung der Unternehmensziele vorgenommen wird. Die Unternehmenskultur beinhaltet die „Grundgesamtheit gemeinsamer Werte, Normen und Einstellungen, welche die Entscheidungen, die Handlungen und das Verhalten der Organisationsmitglieder prägen" (Lies 2019).

2.2   Talente im internationalen Kontext

Unternehmen und öffentliche Institutionen zeigen ein verstärktes Interesse gegenüber internationalen Talenten und Nachwuchskräften, da sie neben der Sicherung der Arbeitsproduktivität auch den Prozess der Globalisierung und Digitalisierung unterstützen können. Zusätzlich zu ihren fachlichen Qualifikationen können internationale Talente z. B. über ein interessantes und wettbewerbsrelevantes Knowhow, wie z. B. regionales Wissen, Sprachkenntnisse, internationale Kontakte, agile Methodenkompetenz und interkulturelle Erfahrungen verfügen.

Was zeichnet internationale Talente aus? Von internationalen Talenten wird gesprochen, wenn die Mitarbeiter neben den bereits vorgestellten Talentkriterien auch erfolgreich in einem internationalen Umfeld agieren können. Zum Beispiel verfügen sie über ein Spektrum an Erfahrungen und Kompetenzen, die sie im Rahmen mehrerer internationaler Positionen oder Projekte gesammelt haben (Suutari et al. 2014, S. 237). Internationale Talente sind dementsprechend regional, in den eigenen Reihen der Mitarbeiterschaft, als auch überregional und international zu finden. „International talent development means both globalization and localization of talents" (Piéch 2016). Nach einer Studie von Dries et al. (2014, S. 18), an der 410 HR Manager verschiedener Unternehmensbranchen teilnahmen, fallen die kulturellen Unterschiede beim Verständnis des Begriffs Talent relativ gering aus. Es zeigt sich z. B. eine große Übereinstimmung dahin gehend, dass mit dem Begriff Talent insbesondere die Faktoren „ability, skills, knowledge and potential" verbunden sind. Was jedoch unter diesen Faktoren zu verstehen ist, variiert entsprechend der kulturellen Einstellungen und Sichtweisen.

Wie bereits dargelegt wurde, bilden nicht ausschließlich die beobachtbaren Leistungen eines Mitarbeiters die wesentlichen Talent-Indikatoren, sondern seine Potenziale und die vorliegende Ausprägung erfolgskritischer Kompetenzen. Aus diesem Grund sollen talentierte Mitarbeiter nicht nur aufgrund ihrer aktuellen Fähigkeiten, sondern auch im Hinblick ihres Potenzials rekrutiert und gefördert werden. Eine essenzielle Aufgabe des Talent-Managements ist es demnach, Potenzial in Leistung zu überführen (Lackner 2013, S. 5).

2.3   Digitale Talente

Mit dem Einzug der Digitalisierung in die Unternehmen setzt verstärkt die Suche nach Fachkräften und Talenten mit Digitalwissen ein. In der internationalen Arbeitsmarktstudie „Decoding Global Talent" werden als digitale Experten jene Arbeitnehmer definiert, die über Expertise in einem oder mehreren Feldern der Bereiche Künstliche Intelligenz (KI), Machine Learning, Datamining, Entwicklung mobiler Apps, Programmieren oder digitales Marketing verfügen (Engels 2019). Hochqualifizierte Digitalkräfte werden weltweit umworben. Unternehmen stehen also bei der Rekrutierung und Bindung digitaler Talente zunehmend im internationalen Wettbewerb. Positiv ist, dass laut der o. g. Studie Deutschland nach den USA zu den attraktivsten Jobstandorten für Digitalfachkräfte in der Welt gehört. Die „Anziehungskraft auf Digitalexperten ist eine große Chance für die deutsche Wirtschaft" (Strack 2019).

Neben der internationalen Suche nach digitalen Talenten sollte der Blick auch auf die eigene Belegschaft gerichtet werden. Wie können Mitarbeiter zu digitalen Talenten und Leistungsträgern weiterqualifiziert werden? Welches Kompetenzspektrum gilt es zu erwerben bzw. zu erweitern? Im Rahmenwerk des Stifterverbands und bei McKinsey zählen die Gestaltung von transformativen Technologien wie Künstliche Intelligenz, Smart Hardware oder Robotik zu den Arbeitskompetenzen der Zukunft. Weiterhin geht es um den Erwerb digitaler Schlüsselqualifikationen, wie dem planvollen Umgang mit Daten (Data Literace) , den Einsatz digitaler Medien, die Fähigkeit zur Kollaboration und zum digitalen Lernen. Ebenso wichtig sind die nicht-digitalen Schlüsselqualifikationen wie Adaptionsfähigkeit, unternehmerisches Denken, Selbstmanagement sowie Netzwerk- und Methodenkompetenz (Leichsenring 2018; Piéch 2019a).

Internationales Talent-Management 3

3.1 Begriffsverständnis und Kernaufgaben

In der unternehmerischen Praxis wird Talent-Management als Erfolgsfaktor bereits vielseitig eingesetzt. Wie einleitend erwähnt, sprechen wir hier von einem der wichtigsten Personalthemen der Zukunft. Aufgrund der demographischen Entwicklungen und dem daraus resultierenden Fachkräftemangel, kann es sich kaum ein Unternehmen mehr leisten, internationale Personalressourcen nicht zu berücksichtigen. „Von internationalem Talent-Management wird gesprochen, wenn sämtliche Aktivitäten weltweit ausgerichtet sind, sich an globalen strategischen Zielen orientieren und lokale Besonderheiten berücksichtigen. Dabei sollte im Sinne des Diversity Managements eine Balance zwischen globaler Standardisierung und lokaler Anpassung hergestellt werden" (Schweizer 2014).

Die Gestaltung des Talent-Managements fällt in den Unternehmen entsprechend der firmenspezifischen Arbeitskultur, der Unternehmensziele, der Strategien und Ressourcen sehr unterschiedlich aus. So wie die Unternehmen für sich zu klären haben, welche spezifischen Merkmale und Eigenschaften ein Talent auszeichnen, gilt es auch zu klären, welche Kernaufgaben das unternehmensinterne Talent-Management beinhaltet. In der Literatur gibt es unterschiedliche Ansätze, was darunter zu verstehen ist. Die Betonung kann sowohl auf strategische Elemente als auch auf prozedurale oder operative Schwerpunkte liegen. Nach Gutmann und Gatzke (2015, S. 25) gehören zum Talent-Management interne sowie externe Strategien, Methoden und Maßnahmen, mit denen sichergestellt werden soll, dass die für den zukünftigen Unternehmenserfolg wichtigen Schlüsselpositionen dauerhaft mit den passenden Beschäftigten besetzt sind. Zudem werden von einigen Autoren explizit alle Organisationsmitglieder in das Talent-Management einbezogen, während der

© Springer Fachmedien Wiesbaden GmbH, ein Teil von Springer Nature 2020
S. Piéch, *Internationale Talententwicklung in der digitalen Arbeitswelt,*
essentials, https://doi.org/10.1007/978-3-658-28892-1_3

Großteil das Thema segmentiert für eine ausgewählte Gruppe an Mitarbeitern betrachtet (Ritz und Sinelli 2018). Trotz der verschiedenen Herangehensweisen lassen sich die in Abb. 3.1 dargestellten Kernaufgaben im Rahmen des Talent-Managements identifizieren. Wie aus der Abb. 3.1 ersichtlich ist, umfasst das Talent-Management den gesamten Prozess von der Identifikation und Rekrutierung talentierter Mitarbeiter über die karrierebestimmte Förderung im Rahmen aller Arbeitsphasen bis hin zur Kontakterhaltung und Zurückgewinnung bei einer eventuellen Kündigung. Folglich ist das Zusammenwirken verschiedener Human Resources Bereiche erforderlich, um einen erfolgreichen Talent-Management-Prozess zu gewährleisten. Auch wenn die Prozessabfolge für internationale Talente zu empfehlen ist, so sind bei der Ausgestaltung der einzelnen Bereiche die kulturellen Hintergründe der Mitarbeiter sowie die internationalen Management- und Kommunikationsstile zu berücksichtigen. Insgesamt kommen der Förderung und Entwicklung talentierter Kollegen eine prozessbegleitende Rolle zu. Auch wenn Mitarbeiter entsprechend ihrer aktuellen Fähigkeiten und Potenziale optimal eingesetzt sind, ist weiterhin eine zukunftsorientierte Förderung wichtig. Dadurch wird ein positiver Effekt in mehrfacher Hinsicht erzielt, denn neben einer hohen Leistungsfähigkeit wird auch die Mitarbeitermotivation und Personalbindung positiv beeinflusst.

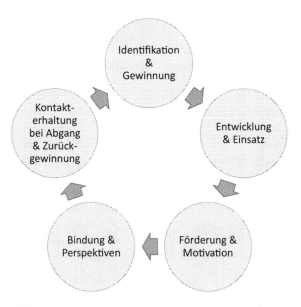

Abb. 3.1 Der Talent-Management-Prozess

3.2 Vorteile und Nutzen

Auch wenn der Kosten- und Zeitaufwand zur Implementierung eines internationalen Talent-Managements zunächst höher ausfällt, so bietet diese Form sowohl für die Arbeitgeber als auch für die Arbeitnehmer interessante Vorteile. In Anlehnung an Schweizer (2014) lassen sich diese Vorteile wie folgt zusammenfassen:

• Es ist möglich, die Personalakquise breiter aufzustellen, sodass vakante Positionen schneller besetzt werden.
• Abteilungen und Teams können international besetzt werden. Heterogene Gruppen bieten den Vorteil, unternehmensrelevante Fragestellungen und Probleme aus verschiedenen Blickwinkeln zu betrachten. Dadurch können innovativere Ideen entwickelt werden als in homogenen Gruppen.
• Für Talente kann es einen Anreiz darstellen, durch globale Projekte oder einer Karrierechance im Ausland internationale Erfahrungen zu sammeln und sich persönlich sowie kulturell weiterzubilden. Damit werden gleichzeitig die Mitarbeiterbindung als auch das Image des Unternehmens gestärkt.
• Internationales Know-how kann die digitale Transformation im Unternehmen maßgeblich voranbringen.
• Durch internationale Teams können Toleranz und globale Verständigung innerhalb des Unternehmens gefördert werden.

3.3 Erfolgsprinzipien

Trotz der immensen Bedeutung stellt die Etablierung eines erfolgreichen Talent-Managements eine zentrale Herausforderung für das Personalmanagement von Unternehmen weltweit dar. Zu dieser Einschätzung gelang z. B. die Studie „Six Principles of Global-Talent-Management" (Stahl et al. 2012). Aufgrund der Untersuchungsergebnisse wurden folgende Erfolgsprinzipien für ein Internationales Talent-Management abgeleitet:

• Alignment with Strategy: Die Unternehmensstrategie bildet die Ausgangsbasis für das Talent-Management. Es gilt die Frage zu klären, auf welche Talente sich das Unternehmen fokussieren sollte.
• Internal Consistency: Sämtliche Kernaufgaben des Talent-Managements sollten aufeinander abgestimmt sein und somit zu einem Synergie-Effekt beitragen. Mit der Investition in Entwicklungsmaßnahmen für Talente sollten gleichzeitig

Maßnahmen für deren Bindung oder für das Karrieremanagement berücksichtigt werden.

- Cultural Embeddedness: Bei den verschiedenen Maßnahmen des Talent-Managements, wie z. B. Einstellungsverfahren, Entwicklung sowie Bindung der Talente durch Vergütung und Sozialleistungen, sollte eine bewusste Integration der Unternehmenswerte vorgenommen werden.
- Management Involvement: Talent-Management ist nicht nur Aufgabe der Personalabteilung, sondern es sollte von Managern aller Ebenen, einschließlich der Führungskräfte, ausgeübt werden.
- Balance of Global and Local Needs: Wenn Unternehmen international agieren, sollten sie die lokalen Anforderungen im jeweiligen Land berücksichtigen.
- Employer Branding Through Differentiation: Employer Branding ist eine unternehmensstrategische Maßnahme, bei der Konzepte aus dem Marketing, insbesondere der Markenbildung, angewandt werden, um sich als attraktiver Arbeitgeber gegenüber Wettbewerbern zu positionieren (Schuhmacher und Geschwill 2014).

Employer Branding stellt eine entscheidende Grundlage für die erfolgreiche Umsetzung eines internationalen Talent-Managements dar. Nach Bayerl (2015) sind „Employer Branding und Talent-Management [...] auf der Überholspur im Personalmanagement. Immer mehr Unternehmen und Organisationen erkennen und nutzen die Möglichkeiten der Arbeitgebermarke, um die besten Fach- und Führungskräfte für ihr Unternehmen zu gewinnen und Mitarbeiter/innen zu motivieren."

Internationale Talententwicklung in der Praxis

4

Im Folgenden werden verschiedene Möglichkeiten dargestellt, wie die internationale Talententwicklung erfolgreich in die Praxis umgesetzt werden kann. Dabei werden sowohl ausgewählte strategische als auch operative Maßnahmen vorgestellt.

4.1 Unternehmenskultur und Diversity Management

Für die Erreichung von Spitzenleistungen ist vor allem ein Arbeitsumfeld erforderlich, das diese ermöglicht. Neben interessanten Aufstiegsmöglichkeiten und attraktiven Perspektiven geht es vor allem um die Etablierung einer positiven Arbeitskultur, durch die sich Mitarbeiter motiviert fühlen, ihr Bestes zu geben und ihre Potenziale zu entfalten. Wie schaffen es Unternehmen und Organisationen, diese konstruktive Arbeitsatmosphäre herzustellen? Das Arbeitsleben wird durch eine Vielzahl an Werten, Normen und Überzeugungen geprägt, die in der Unternehmenskultur verankert sind. Aufgrund der aktuellen Herausforderungen entwickeln viele Unternehmen und Organisationen ein verstärktes Interesse, eine Arbeitskultur der gegenseitigen Achtung, Wertschätzung und Offenheit in den Berufsalltag zu integrieren. Dabei gilt Diversity Management, d. h. die Vielfalt an Kompetenzen, Erfahrungen und Begabungen der Mitarbeiter anzuerkennen, zu fördern und zu nutzen, zunehmend als Erfolgsfaktor in Unternehmen und öffentlichen Institutionen.

Die meisten Maßnahmen in Diversity-Programmen zielen auf die Förderung von Frauen (Charta der Vielfalt 2019a). Für die wirtschaftliche Wettbewerbsfähigkeit ist es immer entscheidender, hoch qualifizierte Frauen im Rahmen der Talententwicklung gezielt zu fördern und zu positionieren. „Nur wenn talentierte Frauen vermehrt Schlüsselpositionen übernehmen, kann die aus der demografischen

© Springer Fachmedien Wiesbaden GmbH, ein Teil von Springer Nature 2020
S. Piéch, *Internationale Talententwicklung in der digitalen Arbeitswelt,*
essentials, https://doi.org/10.1007/978-3-658-28892-1_4

Entwicklung entstehende Lücke an Talenten gefüllt werden" (Ritz und Sinelli 2018, S. 8). Dafür sind adäquate Rahmenbedingungen erforderlich, die die Vereinbarkeit von Beruf und Familie ermöglichen. Viele Arbeitgeber haben dieses Erfordernis bereits erkannt und bieten Maßnahmen zur Verbesserung der beruflichen und familiären Vereinbarkeit an. „Dazu gehören zum Beispiel Maßnahmen zur Arbeitszeitflexibilisierung, zur Elternförderung oder zur Kinder- und Angehörigenbetreuung" (BDA 2013). Zu betonen ist, dass die Förderung von Frauen nur eine Dimension von Diversity Management darstellt. Vielfalt und Chancengleichheit im Unternehmen erfordern ebenso die Berücksichtigung der weiteren Dimensionen, wie beispielsweise Unterschiede im Alter, Geschlecht, Behinderung, Religion oder Herkunft (Charta der Vielfalt 2019b).

Hinsichtlich der internationalen Ebene beim Talentmanagement spielt Ethnic Diversity eine wichtige Rolle. Als effektive Maßnahmen zählen hierzu (Landwehr et al. 2013):

- Rekrutierung ausländischer Fach- und Führungskräfte
- Rekrutierung von Mitarbeitern mit Migrationshintergrund
- Entsendung von Fach- und Führungskräften ins Ausland
- Aufbau eines globalen Talent-Pools
- Zusammensetzung internationaler Teams

Zusammenfassend lässt sich sagen, dass Ausbau und Gestaltung einer diversen Mitarbeiterstruktur wichtige Faktoren für die gezielte Talententwicklung und den Unternehmenserfolg darstellen.

4.2 Internationale Personalführung

Die erfolgreiche Einbindung von internationalen Talenten erfordert die Berücksichtigung von unterschiedlichen Management- und Kommunikationsstilen sowie ein hohes Maß an Flexibilität und interkultureller Kompetenz. Beachtet werden sollte, dass das Leistungsverhalten und die Leistungsmotive entsprechend der eigenen Landeskultur unterschiedlich ausgeprägt sind. Das bedeutet, dass die internationale Personalführung und Mitarbeitermotivation sehr präzise auf die kulturellen Backgrounds der Beteiligten abzustimmen sind. Zudem stehen Führungskräfte vor der Herausforderung, dass sie neben der Kompetenzförderung ihrer Mitarbeiter auch die Konfliktpotenziale in der Teamarbeit erkennen und hierfür adäquate Lösungsstrategien zu erarbeiten und umzusetzen haben.

Was sollten aber Unternehmen beachten, die auf Führungskräfte verzichten? „Die hierarchiefreie Firma – der kühne Zukunftstraum progressiver Organisations-entwickler – ist mancherorts schon Realität" (Bittelmeyer 2014, S. 19). Insbesondere bei einer hierarchiefreien Organisationsstruktur, wo auf die Selbstorganisation und Eigenverantwortung der Mitarbeiter gesetzt wird, sollte die gezielte Personal- und Talententwicklung ein zentraler Bestandteil der Unternehmensstrategie sein. Auch wenn zumeist davon ausgegangen wird, dass eigenständiges und selbstbestimmtes Arbeiten zur Erhöhung der Mitarbeitermotivation und -qualifikation führt, ist die Implementierung von Personalentwicklungsmaßnahmen sehr empfehlens-wert. Zum Beispiel werden die Mitarbeiter bei der Firma IT-agile nicht mehr von einer Führungskraft beurteilt, sondern in Form einer sogenannten Peer-to-Peer-Bewertung. Hier erhält jeder Mitarbeiter von einem hierarchisch Gleichgestellten ein Feedback darüber, wo seine Stärken und Entwicklungspotenziale liegen, sodass eine sinnvolle Karriereplanung gegeben ist (Bittelmeyer S. 22). Beim Thema Eigen-verantwortlichkeit ist zu beachten, dass die Fähigkeit zur Übernahme von Ver-antwortung bei den Menschen unterschiedlich ausgeprägt ist. Für eine bewusste Verantwortungsübernahme sind sowohl differenzierte kognitive als auch emotionale Prozesse erforderlich (Kaschube 2006, S. 36). Für welches Verantwortungs- und Hierarchiegeflecht sich ein Unternehmen auch entscheidet, wichtig ist, die unter-schiedlichen Vorstellungen und Erwartungen der Mitarbeiter zu berücksichtigen. Dafür gilt es, die kulturellen Unterschiede im Team zu analysieren und gemeinsame Regeln für die Zusammenarbeit zu entwickeln.

4.3 Digital Leadership

Mit den neuen Chancen und Möglichkeiten, die die Digitalisierung bietet, unter-liegen auch Führungsmodelle der Veränderung. Digital Leadership wird als neue Art der Führung bezeichnet. Dabei steht der Begriff nicht für einen Führungsstil, der allein die Technologien in den Fokus stellt, sondern viel mehr für eine neue Führungskultur innerhalb der digitalen Transformation (Gensinger 2018). Dies-bezüglich kommt der Führungskraft eine neue Rolle zu, denn in ihrem Wirken wird sie verstärkt als Coach, Mediater, Motivator oder Berater agieren, um die Zielerreichung ihrer Mitarbeiter zu unterstützen.

Das Profil eines Digitalen Leaders zeichnet sich dadurch aus, dass er neben den klassischen Führungsaufgaben verstärkt digitale Tools zur Umsetzung sei-ner Führungsverantwortung nutzt. Digital Leadership umfasst das Kompetenz-spektrum von der Anwendung sozialer Medien und KI Werkzeuge bis zum

Einsatz online basierter, mobiler Systeme für die Leistungsbewertung oder die Personalentwicklung. Zudem sollte eine Führungskraft in der Lage sein, ihre Führungskompetenzen durch digitale Medien auch im virtuellen Raum auszuüben. Digitalen Leadern wird oft eine smarte Arbeitsweise zugesprochen. Aber mit dem Wissen, dass hinter dem Begriff: smart die sogenannte S.M.A.R.T.- Formel steht, sollten sich die Führungskräfte und Mitarbeiter ohnehin an dieser Arbeitsweise orientieren. Nach dieser Formel, die bereits 1990 von Latham und Locke entwickelt wurde, sind die in Abb. 4.1 dargestellten 5 Kriterien besonders wirksam für die Zielerreichung.

Aufgrund der rasanten Entwicklungsgeschwindigkeit und hohen Komplexität, die mit der Digitalisierung verbunden ist, werden sich Führungskräfte zunehmend der Herausforderung stellen müssen, Lösungen zu finden, ohne auf „fertiges Wissen" zurückgreifen zu können. Wenn weder theoretisches Wissen noch Erfahrungswissen zur Verfügung stehen, dann braucht es viel Mut, Zutrauen und die Fähigkeit, Kontext übergreifend und vernetzt zu denken, um neue Lösungen zu finden. Zudem stellt sich die Frage, wie mit Fehlern umgegangen wird. Gibt es eine Fehlerkultur, in der Fehler als Lernchance begriffen werden? Die Etablierung einer konstruktiven Fehlerkultur schafft den Spielraum für Kreativität und eine innovative Arbeitsweise.

Abb. 4.1   Die S.M.A.R.T. – Formel

S Spezifisch

M Messbar

A Attraktiv

R Realistisch

T Terminiert

4.4 Führungskräfteentwicklung im Kontext von Digitalisierung und Künstlicher Intelligenz

Führungskräfte nehmen eine Vorbildfunktion im Digitalisierungsprozess ein. Sie stehen vor der Herausforderung, den Einsatz digitaler Technologien in seinen Chancen und Risiken einschätzen zu können und ihre Mitarbeiter für die Arbeit mit den neuen Technologien zu gewinnen. Die Umsetzung digitaler Transformationsprozesse kann durch sie maßgeblich forciert werden. Aus diesem Grund sind Führungskräfte besonders gefordert, digitales Wissen zu erwerben und sich im Umgang mit den neuen Technologien stetig weiterzuqualifizieren. Derzeit wird aber der digitale Wissenstand oft noch als unzureichend eingeschätzt. Zum Beispiel nehmen viele Führungskräfte, laut dem Leadership-Trendbarometer des IFIDZ, eine kritisch-distanziert sowie abwartend-skeptische Haltung zum Thema Künstliche Intelligenz ein. Die Ursachen für diese skeptische Haltung können im fehlenden Know-how und dem Mangel an Erfahrungen gesehen werden (IFIDZ 2019).

Das Leadership-Trendbarometer zeigt aber auch auf, dass neben den digitalen Kompetenzen mit Abstand die kommunikativen Fähigkeiten zu den Top-Kompetenzen gehören. „Denn im Zentrum von Führung stehe weiterhin die Beziehung von Mensch zu Mensch" (Speck 2019). Aus diesem Grund sollte eine Führungskraft über umfangreiches Wissen zu speziellen Kommunikationstechniken verfügen, sodass sie in der Lage ist, die unterschiedlichen Gesprächsformen wie beispielsweise das Mitarbeitergespräch, Zielvereinbarungsgespräch, Feedback, Konflikt- oder Personalentwicklungsgespräch bestmöglich umzusetzen. Darüber hinaus ist das Wissen über die verschiedenen Führungsstrategien und Führungsinstrumente unentbehrlich, sodass individuell auf die Leistungsbereitschaft und Leistungsfähigkeit der Mitarbeiter eingegangen werden kann.

In der Literatur werden verschiedene Führungsansätze diskutiert. Um jedoch die Herausforderungen an Führung im Zeitalter der Digitalisierung erfolgreich zu meistern, sollten agile Führungsansätze präferiert werden. Empfehlenswert ist die Anwendung des Situativen Führungsstils. Bei diesem Führungsstil richtet die Führungsperson ihr Führungsverhalten flexibel auf die individuellen Fähigkeiten der Mitarbeiter aus. Da sowohl Fachkompetenz als auch Leistungsbereitschaft von Aufgabe zu Aufgabe unterschiedlich sein können, ist die Führungskraft gefordert, ihr Führungsverhalten zugleich mitarbeiter- und aufgabenspezifisch auszurichten. Dieser Führungsstil stellt höchste Ansprüche an die Führungskraft, denn sie muss die Palette von Führungsinstrumenten kennen und auf der Grundlage ihrer Mitarbeitereinschätzung flexibel umsetzen.

Durch den digitalen Wandel wird es zunehmend wichtiger, dieses Führungswissen agil anzuwenden. Entsprechend des Arbeitskontextes sollte die Führungskraft in der Lage sein, in komplexen und mehrdeutigen Situationen zügig
Entscheidungen zu treffen, interdisziplinäre Projektgruppen zu betreuen sowie
internationale und virtuelle Teams zu leiten. Die Entwicklungen gehen hin zu
einem offenen Arbeitsmodus, wo Teamarbeit und exploratives Arbeiten die Unter-
nehmensdynamik bestimmen. Darüber hinaus wird die Mensch-Roboter-Kollaboration zunehmend an Bedeutung gewinnen. Hinter dieser Entwicklung steht der
Gedanke, die Fähigkeiten von Mensch und Maschine zusammenzuführen. „Der
Roboter steht für Präzision und Ausdauer, während der Mensch seine einzigartigen
Problemlösungskompetenzen in die Zusammenarbeit mit einbringt. So lassen sich
Produktionsprozesse flexibler und reibungsloser gestalten" (Pomrehn 2018).

In Abb. 4.2 wird das vielseitige Spektrum an Führungskompetenzen im digitalen Zeitalter graphisch dargestellt. Zu betonen ist, dass sämtliche Führungs-
aktivitäten auf der Basis von gegenseitigem Respekt, Wertschätzung, Achtung
und Vertrauen ruhen sollten. Wertschätzende Führung ist die Grundlage für eine
erfolgreiche Zusammenarbeit.

Die neuen Arbeitsprozesse erfordern von der Führungskraft viel Vertrauen,
Kreativität und ein hohes Maß an Selbststeuerungskompetenz. Zudem fungiert die
Führungskraft oft als Coach oder Mentor. Damit Führungskräfte die mannigfaltigen
Herausforderungen bewältigen können, ist es dringend erforderlich, dass sowohl vor-
bereitende als auch begleitende Qualifizierungsmaßnahmen in Form von Seminaren,

Abb. 4.2 Führungskompetenzen im digitalen Zeitalter

Vorträgen, Workshops oder Coachings angeboten werden. Um den unterschiedlichen Zeitressourcen und Lernpräferenzen der Mitarbeiter gerecht zu werden, ist in Form von Blended Learning eine Angebotspalette aus Online- und Präsenzveranstaltungen empfehlenswert. Zudem ist es wichtig, neben den formellen Lernangeboten auch informelle Lernkontexte zu berücksichtigen. Der Erfahrungsaustausch mit Kollegen oder die Einweisung in neue Tätigkeitsfelder stellen beispielsweise relevante arbeitsbegleitende Lernformen auf der informellen Ebene dar. Weitere Möglichkeiten zum informellen Kompetenzerwerb werden in den Abschn. 5.3 und 5.8 aufgeführt.

4.5   Erfolgreiches Teammanagement

4.5.1   Der Einzelne im Kontext des Teams

Internationale Talententwicklung umfasst weitaus mehr, als nur den Blick auf die Besten zu richten. Wichtig ist zudem, jedem Einzelnen im Kontext seines Teams die entsprechende Beachtung zu schenken. Jeder Mitarbeiter hat einzigartige Prägungen, Neigungen und Kompetenzen. In der Praxis werden jedoch die persönlichen Präferenzen oft nicht in dem Maß berücksichtigt, wie es vorteilhaft wäre. Vielfach erfolgt eine Angleichung der Kompetenzen an die Anforderungen. Damit wird jedoch ein großes Potenzial an Human Resources verschenkt, denn Anforderungen, Fähigkeit und Präferenzen sollen im Team zusammengeführt werden. Margerison und McCann formulierten diesbezüglich: „In einem Team, in dem jeder einzelne viel von dem tut, was er gern tut, erhöhen sich die Energie, die Begeisterung, das Engagement und die Motivation um ein Vielfaches – und dann entsteht ein Hochleistungsteam (Tscheuschner und Wagner 2012, S. 35)".

In dem von Margerison & McCann entwickelten Team-Management-System geht es darum, die zentralen Arbeitsfunktionen eines Teams mit den individuellen Präferenzen und Kompetenzen der Kollegen abzustimmen. Entsprechend ihrer Teamerfolgsforschung gibt es folgende acht Tätigkeitsbereiche, die erfolgreiche Teams abdecken sollten: Beraten, Innovieren, Promoten, Entwickeln, Organisieren, Umsetzen, Überwachen und Stabilisieren (Tscheuschner und Wagner S. 31). Ein starkes Team zeichnet sich dadurch aus, dass es die Unterschiedlichkeit der Kollegen, durch z. B. verschiedene Arbeitspräferenzen, Werte, fachliche Hintergründe und damit verbundene vielfältige Denk- und Kommunikationsstile der Kollegen berücksichtigt. Die Zusammenarbeit in internationalen Teams erfordert zudem hohe interkulturelle Managementkompetenzen, um die Vielfalt an Sprachen, kulturellen Werten sowie Arbeits- und Verhaltensweisen für den Ausbau der Teameffizienz zu nutzen.

Teamführung will gelernt sein! Um ein Team erfolgreich führen zu können, sind neben einer hohen Führungsmotivation auch die bereits angesprochenen Führungskompetenzen erforderlich. Zudem gilt es, die Dynamiken in den unterschiedlichen Teamkonstellationen zu berücksichtigen.

4.5.2   Virtuelle und interkulturelle Teams

Infolge der Globalisierung und der technischen Möglichkeiten werden Teams zunehmend virtuell und interkulturell zusammenarbeiten. Bei allen Vorteilen, die diese Entwicklungen bieten, werden die Führungskräfte und Teammitglieder vor besondere Herausforderungen gestellt, denn die Arbeit in virtuellen Teams wird durch vielfältige interkulturelle Aspekte mitbestimmt. Zum Beispiel kann der Beziehungs- und Vertrauensaufbau bei Kollegen aus individualistischen oder kollektivistischen Kulturen auch im virtuellen Raum sehr unterschiedlich ablaufen. Unterschiedliche Erwartungen beim Aufbau persönlicher Beziehungen oder in der Kommunikation von Aufgabenstellungen und Feedback sowie die unterschiedliche Erreichbarkeit aufgrund der verschiedenen Zeitzonen können Missverständnisse erzeugen und somit die Zusammenarbeit erschweren. Führungskräfte und Teammitglieder sollten über die Unterschiedlichkeit und den Umgang damit informiert sein und den Einsatz synchroner bzw. asynchroner Kommunikationsmittel gezielt auswählen. Zudem ist beim Führen auf Distanz zu beachten, dass die Einflussnahme über die technischen Medien begrenzt ist und Reaktionen zeitverzögert erfolgen können. Umso wichtiger ist es, klare Regeln und Strukturen festzulegen, vertrauensbildende Maßnahmen einzuplanen und auch im virtuellen Raum informelle Austauschmöglichkeiten zu bieten. Allgemein kann gesagt werden, dass Teamentwicklungsprozesse bei virtuellen Teams oftmals länger dauern als bei Präsenzteams. Diese Dynamik sollte unbedingt bei den Zielformulierungen und dem Zeitmanagement berücksichtigt werden.

4.5.3   Hybride Teams

Teamführung in Zeiten des digitalen Wandels bedeutet darüber hinaus, offen zu sein für neue Teamstrukturen mit maschinellem Einfluss. „Mit steigendem Grad der Zusammenarbeit zwischen Menschen, Robotern und Softwareagenten werden sich Teamstrukturen bilden, die sogenannten Hybriden Teams" (Straube und Schwartz 2016). Im Rahmen dieser Teams übernehmen Roboter bzw. digitale Assistenten typischerweise Aufgaben, die für den Menschen sehr aufwendig sind. Sie stellen beispielsweise in hoher Geschwindigkeit Informationen bereit, die Führungskräfte und Teammitglieder in ihrer Kommunikation oder beim Treffen von Entscheidungen unterstützen. Durch die Übernahme von Routineaufgaben kann wertvoller Freiraum für strategische oder kreative Tätigkeiten gewonnen werden. Dabei gilt es zu beachten, dass bei wegfallenden Tätigkeiten spezielle Weiterqualifizierungen und neue Perspektiven für die Mitarbeiter aufgezeigt werden sollten. Die betriebliche Weiterbildung und die gezielte Personal- und Talententwicklung nehmen dementsprechend eine zentrale Rolle im Prozess der digitalen Transformation ein. Damit hybride Teams ihr Leistungsvermögen voll ausschöpfen können, braucht es eine klare Aufgaben- und Rollenverteilung. Zum einen müssen „die Agenten mit künstlicher Intelligenz auch vom Menschen als Teammitglieder mit Rollen und Aufgaben akzeptiert werden. (Straube und Schwartz 2016)" Zum anderen könnte die Frage aufkommen, was ist, wenn beispielsweise der Roboter kompetenter wahrgenommen wird als die Person? Wie gehen wir mit humanoiden Robotern um und welche Einstellungen entwickeln wir zu Themen wie digitale Autorität, Maschinenrecht oder Status im maschinellen Kontext? Der Einsatz von Künstlicher Intelligenz sollte immer auch mit einem ethischen Diskurs und der Entwicklung einer ethischen Haltung im eigenen Arbeitskontext einhergehen.

Maßnahmen zur internationalen Talententwicklung

Damit kulturelle Vielfalt zu einem Gewinn für das Unternehmen und seine Mitarbeiter wird, ist die Umsetzung einer zielgerichteten Talentförderung empfehlenswert. Die Basis für eine optimale Talententwicklung sollte eine vorausschauende Personal- und Karriereplanung sein. Bestenfalls erfolgt die persönliche Karriere- und Entwicklungsplanung bereits in der Recruitingphase und begleitet den Mitarbeiter kontinuierlich durch die anstehenden Phasen und Arbeitsprozesse. Im Folgenden werden relevante Maßnahmen zur Gewinnung und Entwicklung von Talenten vorgestellt.

5.1 Recruiting internationaler Talente

Bei der Gewinnung von internationalen Talenten sollten die Recruiting-Strategien, wie beispielsweise Firmenkontaktveranstaltungen an Universitäten und Hochschulen sowie öffentlichkeitswirksame Fach- und Bildungsmessen, global ausgerichtet werden. Wichtig ist zudem der Ausbau des E-Recruitings durch den Einsatz elektronischer Medien und Personalsysteme. Eine suchmaschinenoptimierte Webseite mit gut formulierten Stellenanzeigen über Content Marketing sollte ebenso zum Recruitingrepertoire gehören wie Auftritte und Interaktionen in sozialen Netzwerken und das Schalten von Stellenanzeigen bei passenden Jobportalen (Dittes 2018, S. 212).

Wie weit sollte der Einsatz von Künstlicher Intelligenz zur Optimierung der Recruiting- und Auswahlprozesse erfolgen? Aktuell werden beim Robot Recruiting zumeist standardisierte oder sich wiederholende Aufgaben durch KI-Anwendungen übernommen. Die Möglichkeiten, beispielsweise über den Einsatz von Sprachanalysesoftware geeignete Mitarbeiter zu finden, sollten zwar offen

© Springer Fachmedien Wiesbaden GmbH, ein Teil von Springer Nature 2020
S. Piéch, *Internationale Talententwicklung in der digitalen Arbeitswelt,*
essentials, https://doi.org/10.1007/978-3-658-28892-1_5

diskutiert aber nicht unkritisch eingesetzt werden. Es obliegt einer ethischen Grundhaltung, welchen Einsatz diese Recruiting-Tools finden. Aus humanitärer Sicht und unter Berücksichtigung der hohen Komplexität sollte die Kandidatenauswahl bis auf weiteres der menschlichen Einschätzung und Entscheidung vorbehalten bleiben. Gleichwohl ist die Unterstützung bestimmter Entscheidungsprozesse durch KI-gestützte Analysen als zweckmäßig zu betrachten (Haufe 2019).

5.2   Einsatz von Talent-Pools

Für viele Unternehmen gehört die Nutzung von Talent-Pools zu einer praktikablen Maßnahme, um die Rekrutierung bzw. Positionierung geeigneter Mitarbeiter zu unterstützen. „Beim Talent Pool handelt es sich um die datenbankgestützte Verwaltung von Profilen potenzieller und bestehender Mitarbeiter des Unternehmens" (Personio 2019). Talent Pools dienen „einerseits der Organisation, um zu gegebenem Zeitpunkt genügend Nachfolgekandidierende zur Verfügung zu haben, und andererseits den Talenten dazu, ihr Kompetenzprofil weiterzuentwickeln und das persönliche Netzwerk auszubauen" (Thom und Sinelli 2010). Astrid Neben (2015) gibt jedoch zu bedenken, dass „Talente auf Vorrat" nicht der Realität entsprechen. Mit dem Label „Du bist fertig!" sollten Unternehmen sehr vorsichtig sein, da sonst Erwartungen bei den Mitarbeitern geweckt werden, die beim nicht Einlösen zu Enttäuschungen führen. Zudem kann nicht gewährleistet werden, dass die im Talent-Pool aufgenommenen Mitarbeiter tatsächlich die konkreten Anforderungen der zu besetzenden Position erfüllen.

Zur Realisierung einer umfassenden Talent-Management-Strategie ist der Einsatz einer technischen Systemplattform empfehlenswert. Das Spektrum an Angeboten sollte hinsichtlich der unternehmensinternen Zielstellungen des Talent-Managements und den bereits vorhandenen HR-Systemen ausgewählt werden. Vorteilhaft ist, wenn die Plattform den gesamten Zyklus der Mitarbeiterplanung und -entwicklung: Recruiting, Performance Management, Vergütung, Weiterbildung, Karriere- und Nachfolgeplanung abbilden kann.

5.3   Strategien zur Arbeitsplatzgestaltung

Eine Flexibilisierung in den Arbeitsprozessen kann die Attraktivität eines Arbeitsgebietes für Mitarbeiter maßgeblich steigern. Zu den Strategien der Arbeitsplatzgestaltung bzw. Arbeitsfeldvergrößerung gehören Job Enlargement, Job

Enrichment und Job Rotation. Da diese Strategien speziell auch bei der Talententwicklung berücksichtigst werden sollten, werden sie im Folgenden kurz erläutert. Beim Job Enlargement (Arbeitserweiterung) werden Tätigkeiten mit demselben Anforderungsniveau hinzugefügt, sodass ein abwechslungsreicheres Aufgabenspektrum und die Erweiterung des Handlungsspielraums der Gefahr von Monotonie entgegenwirken. Hier wird von einer horizontalen Umstrukturierung gesprochen. Im Gegensatz dazu lässt sich Job Enrichment (Arbeitsbereicherung) der vertikalen Umstrukturierung zuordnen. Hier erfolgt die Erweiterung des Aufgabengebietes durch die Übertragung von qualitativ höherwertigen Aufgaben und Entscheidungskompetenzen (Heise 2011).

Job Rotation beinhaltet den systematischen Wechsel von Arbeitsplätzen, um neue Fach- und Führungskompetenzen zu erwerben. Indem talentierte Mitarbeiter einen Einblick und Erfahrungen in verschiedene Bereiche gewinnen, können sie ihr eigenes Kompetenzspektrum erweitern und Unternehmensprozesse besser verstehen lernen. Zudem werden im entscheidenden Maße auch die Sozialkompetenzen durch den Umgang mit neuen Arbeitskollegen und Vorgesetzten gefördert (Hopp und Göbel 2004). Insbesondere bei der internationalen Talententwicklung ist es vorteilhaft, wenn die talentierten Kollegen neue Erfahrungen auch an verschiedenen internationalen Standorten sammeln können.

5.4 Mitarbeiterbeurteilung und die Reflexion des Führungsverhaltens

Die Zugehörigkeit zur Gruppe der Talente oder High Potentials ist keine feststehende Komponente. „Vielmehr ist sie das Ergebnis einer sorgfältigen Potenzialbeurteilung, die im Abstand einiger Jahre erneut durchgeführt werden muss" (Thom und Nesemann 2011, S. 25).

Potenzialbeurteilungen stellen eine wesentliche Grundlage zur Talententwicklung dar. Im Gegensatz zur Leistungsbeurteilung bezieht sich die Potenzialbeurteilung auf den Zukunftsaspekt von Qualifikationen. Potenzial beschreibt eine spezifische „Entwickelbarkeit" von Personen aufgrund ihrer persönlich gegebenen Anlagen und Talente (Haenel 2005). In der Praxis existiert ein breites Spektrum an Verfahren und Tools, um Potenzialbeurteilungen vorzunehmen. Neben Assessment-Centern und Interviews gehören Potenzialeinschätzungen von Kollegen durch z. B. das Führen von Mitarbeiter- und Entwicklungsgesprächen sowie der Einsatz von Beurteilungsbögen zu den zentralen Instrumenten einer Führungskraft. Dabei ist zu betonen, dass die Mitarbeiterbeurteilung eine Königsdisziplin darstellt. In der Praxis besteht insbesondere an dieser Stelle ein großer

Qualifizierungsbedarf bei den Führungskräften. Entsprechend einer repräsentativen Umfrage der Metaberatung empfanden nämlich 55 % der Befragten die von den Vorgesetzten getroffenen Beurteilungen als willkürlich und wahrheitswidrig (Retting 2014).

Zum einen ist es dringend erforderlich, dass Führungskräfte darin qualifiziert werden, Mitarbeitergespräche und Mitarbeiterbeurteilungen erfolgreich durchzuführen. Zum anderen sollten auch die Kollegen darin befähigt werden, ihre Karriere aktiv mitzugestalten. Die Grundlage für eine gezielte Karriereplanung ist das Wissen um die eigenen Stärken und Potenziale. Darauf aufbauend sind Strategien relevant, wie diese Potenziale im Unternehmen bestmöglich platziert werden können. Hierfür braucht der Mitarbeiter umfangreiche Kompetenzen, um seine Gespräche mit der Führungskraft oder sein Auftreten im Rahmen von Talentauswahlprozessen erfolgreich vorzubereiten und umzusetzen.

Für die Führungskräfte ist es zudem wichtig, den Blick nicht nur auf die Kollegen zu richten, sondern auch auf sich selbst. Die Grundlage für ein leistungsstarkes und motiviertes Team ist die Weiterentwicklung des persönlichen Führungsstils der Führungskraft. Die Reflexion des eigenen Führungsverhaltens eröffnet die Chance, weitere Teamressourcen zu erkennen, konstruktive Lösungsansätze und Führungsmaßnahmen zu entwickeln und in die Praxis umzusetzen. Mitunter fühlen sich Kollegen auch ausgebremst aufgrund der ungenügenden Souveränität oder der eigenen Zufriedenheit der Führungskraft. Jede Führungskraft sollte sich daher auch fragen, ob der persönliche Karriereweg stimmig erscheint und ob die eigenen Potenziale und Talente richtig gewürdigt und eingesetzt werden? Die Zufriedenheit mit der eigenen Persönlichkeits- und Karriereentwicklung ist eine wesentliche Grundlage dafür, die Talententwicklung der Kollegen bestmöglich zu unterstützen.

5.5   Das Mitarbeitergespräch – Schlüsselfaktor „Interesse"

Wie bereits erwähnt, ist das Mitarbeitergespräch ein wichtiges Instrument in der Talent- und Personalentwicklung. Ziel dieser Gesprächsform kann es sein, die Arbeitssituation zu erörtern, Zielvereinbarungen zu treffen, die nächsten Schritte der Karriereentwicklung abzustimmen, den Mitarbeiter zu motivieren sowie ein beidseitiges Feedback zu ermöglichen. Die Förderung einer positiven Gesprächskultur trägt wesentlich zur Gestaltung einer erfolgreichen Arbeitsbeziehung bei. Dabei geht es neben dem Informationsaustausch vor allem auch um den Ausdruck von Wertschätzung. Wie wichtig Wertschätzung in unseren

Arbeitsbeziehungen ist, wird vom Neurobiologen Joachim Bauer wie folgt aus-
gedrückt: „Ein Mangel an Wertschätzung macht krank. […] Wir Menschen sind
aus neurobiologischer Sicht auf soziale Resonanz und Kooperation angelegte
Wesen. Es ist der Kern aller menschlichen Motivation, zwischenmensch-
liche Anerkennung, Wertschätzung und Zuwendung zu finden und zu geben"
(Lienhart 2011, S. 17).

5.5.1   Der Reaktionsprozess

Für erfolgreiche Mitarbeitergespräche ist es wichtig, die Grundlagen der menschlichen Interaktion zu kennen. Die Bewusstwerdung des persönlichen Interaktions-
vermögens ermöglicht die zielgerichtete Steuerung des eigenen Verhaltens, das
wiederum die Grundlage für ein erfolgreiches Agieren im nationalen und internationalen Lebens- und Arbeitskontext darstellt. Welche Prozesse werden individuell durchlaufen, bevor eine Reaktion erfolgt? In Anlehnung an den „Inneren
Dreischritt" nach Schulz von Thun (2013) hat die Autorin den Reaktionsprozess
in Abb. 5.1 wie folgt abgebildet.

Prozessstufen für die bewusste Gestaltung unserer Reaktion
Im Rahmen dieser Publikation werden die Grundmuster der Prozessstufen in
Kurzform beschrieben. Im ersten Schritt des Reaktionsprozesses nehmen wir mit-
hilfe unserer Sinnesorgane die unterschiedlichen Informationen und Reize unserer Umwelt auf. Dabei nimmt jeder Mensch seine Umwelt individuell wahr, weil
er aus der Fülle an Informationen, entsprechend seiner Sozialisationserfahrungen
und Persönlichkeitsprägung, eine Auswahl trifft. Unsere Wahrnehmung ist demzufolge kein tatsächliches Abbild der Realität, sondern sie ist subjektiv geprägt.
Im nächsten Schritt wird das Wahrgenommene interpretiert. Das heißt, es wird
mit einer Bedeutung versehen, um es im eigenen Lebenskontext einordnen zu

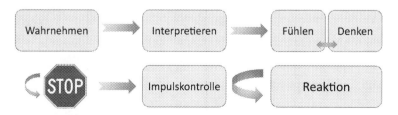

Abb. 5.1   Der Reaktionsprozess

können und eine Orientierung für das eigene Handeln zu erlangen. Da es sich um eine Interpretation handelt, kann sie demzufolge richtig oder falsch sein. Diese Interpretation läuft bei jedem Interaktionsprozess ab. Das Wahrgenommene und Interpretierte löst Gefühle und Gedanken bei der Person aus. Selbstverständlich können Gedanken und Gefühle auch vor der Interpretation auftreten. Allerdings läuft der Interpretationsprozess oft in Sekundenschnelle im Unterbewusstsein ab. Durch die Reflexion der zugrunde liegenden Muster für unsere Interpretationen ist diesbezüglich mehr Steuerung möglich. Inwieweit erst Gedanken und dann Gefühle oder erst Gefühle und dann Gedanken ausgelöst werden, ist von der jeweiligen Situation abhängig. Die Art der Gedanken und Gefühle wird zudem vom persönlichen Wissen, den individuellen Erfahrungen und der körperlich-psychischen Verfassung mitbestimmt. Bevor wir in die Reaktion gehen, kann durch ein inneres STOP eine Impulskontrolle ermöglicht werden. Das bewusste Innehalten, bevor wir in die Reaktion gehen, ermöglicht die Bewusstwerdung, ob wir wirklich so reagieren wollen oder nicht. In dieser Sequenz liegt der Moment der Freiheit, unsere Reaktionsmuster zu prüfen und ggf. zu ändern. Wenn davon auszugehen ist, dass nach dem Eisbergmodell (Egle 2019) circa 80 bis 90 % unseres Verhaltens durch das Unterbewusstsein bestimmt werden, wird die Relevanz dieser Sequenz sehr deutlich. Durch sie wird es möglich, die persönliche Reaktion selbstbestimmt und situativ angemessen zu gestalten. Dieses Wissen ist für die Umsetzung einer erfolgreichen Kommunikation, aber auch bei der Etablierung von Change Prozessen elementar wichtig.

5.5.2   Schlüsselfaktor: Interesse

Für einen konstruktiven Austausch sind grundlegende kommunikative Regeln zu beachten, um das Interesse des Gesprächspartners zu gewinnen. Wenn Menschen einem Sachverhalt oder Ereignis ein besonderes Interesse entgegenbringen, dann zeigen sie eine höhere Aufmerksamkeit und Gesprächsbereitschaft. In Abb. 5.2 wird dargestellt, welche Faktoren zu berücksichtigen sind, um die kommunikative Grundlage der Interessenentwicklung aufzubauen.

Zur besseren Erklärung werden nachfolgend die einzelnen Aspekte näher erläutert.

Wissensvermittlung auf kognitiver und emotionaler Ebene
Menschen, die andere mit ihren Worten erreichen und begeistern können, verbinden in ihren Ausführungen kognitive und emotionale Elemente. Worte mit einem hohen Informationsgehalt können besser verarbeitet und gespeichert

Abb. 5.2 Die kommunikative Grundlage der Interessenentwicklung

werden, wenn sie sich mit einem Bild oder Gefühl verknüpfen lassen. Deshalb bauen kommunikativ geschulte Menschen mit ihrem Gesagten ein Bild beim anderen auf.

Vertrauensvolle Gesprächsatmosphäre
Indem wir unserem Gesprächspartner ein hohes Maß an Wertschätzung und Interesse für seine Situation entgegenbringen, erschaffen wir eine vertrauensvolle Gesprächsatmosphäre. Hiermit wird ein Grundstein für die Entwicklung von Interesse gelegt, denn durch unsere empathische Haltung fühlt sich der andere von uns verstanden.

Aufrichtigkeit auf fachlicher und persönlicher Ebene
Authentizität und Transparenz sind zentrale Merkmale eines erfolgreichen Kommunikationsstils. Nach Mentzel et al. (2004, S. 31) zählen zu einem glaubwürdigen Auftreten: Offenheit, Ehrlichkeit, Sachkompetenz und Echtheit. Der Gesprächspartner wird für die Informationen des Gegenübers ein anderes Interesse entwickeln, wenn er von seinen ehrlichen Absichten überzeugt ist.

Erwartungshaltung der Gesprächspartner
Inwieweit wir Informationen aufnehmen, hängt entscheidend von unserer Erwartungshaltung und der damit verbundenen Absicht ab. Der Unterschied zwischen Hören und Zuhören besteht darin, dass wir beim Zuhören die Entscheidung treffen, das Gehörte aufnehmen zu wollen (Schinzilarz 2016). Dementsprechend wichtig ist es, in der Kommunikation die Erwartungshaltung der Gesprächspartner mit zu berücksichtigen.

Persönlicher Bezug zum Thema
In der Kommunikation wird oft vernachlässigt, dass wir aus der Komplexität unseres Wissens vorrangig die Informationen auswählen sollten, zu denen der Gesprächspartner auch einen persönlichen Bezug herstellen kann. Das Interesse in einem Gespräch ist besonders hoch, wenn Informationen mit bekanntem Wissen und Erfahrungen verknüpft werden können.

Persönlicher Nutzen durch die Informationen
Das Interesse an Gesprächsthemen ist oft verknüpft mit der Relevanz der Themen für die eigene Person. Besonders hoch ist das Interesse, wenn durch die Informationen persönliche Vorteile erreicht werden können bzw. die Informationen einen subjektiven Wert für die Person darstellen.

5.6   Interkulturelle Kommunikation und Kompetenz

Jeder von uns kennt sie: Die Missverständnisse in der Kommunikation. Zwischen dem, was wir sagen und wie es von anderen verstanden wird, liegen oft Welten. Besonders herausfordernd wird es, wenn Menschen aus unterschiedlichen Ländern miteinander kommunizieren. Heute gehört die Bewältigung interkultureller Herausforderungen für viele Mitarbeiter und Führungskräfte zum Berufsalltag. Neben Sprachbarrieren können unterschiedliche Wertevorstellungen und kulturell geprägte Arbeitsweisen zu erheblichen Missverständnissen und Qualitätseinbußen führen. Differenzen im Zeitverständnis, im Hierarchiedenken, in der Mitarbeiterführung, im Umgang mit Konflikten und Risiken sowie im Verständnis von Loyalität sind nur einige Aspekte, die in der interkulturellen Verständigung zu beachten sind (Piéch 2013, S. 31). Die besonderen Anforderungen in der internationalen Zusammenarbeit basieren vor allem auf den unterschiedlichen Kulturbezügen in der Unternehmenskommunikation. Um Missverständnisse zu vermeiden, ist das Wissen über kulturspezifische Denk- und Handlungsweisen unentbehrlich. Globale Arbeitsprozesse können effizienter gestaltet werden, wenn durch wirksame Kommunikationsstile und Managementmethoden ein adäquater Informationsfluss und Interaktionsspielraum gewährleistet wird. Das Agieren in internationalen Arbeitsteams bzw. der Umgang mit Kunden aus fremden Kulturen erfordern dementsprechend von allen Beteiligten ein hohes Maß an interkulturellen Fähigkeiten und Kompetenzen.

Die Förderung interkultureller Kompetenzen sollte sowohl auf Mitarbeiter- als auch auf Teamebene eine zentrale Rolle spielen. Hierfür bietet sich insbesondere die Durchführung von interkulturellen Trainings an. Nach Clement und Clement (2014, S. 4) können durch interkulturelle Trainings verschiedene Zielstellungen verfolgt werden, wie beispielsweise:

• Vorbereitung auf internationale Projekte und Verhandlungen
• Vorbereitung auf einen Auslandsaufenthalt
• Teamfindung/Teambuilding interkulturell zusammengesetzter Teams
• Begleitung bei Post-Merger-Prozessen

In der Literatur existiert eine Vielzahl an Definitionen zum Begriff: Interkulturelle Kompetenz. Nach Thomas (2003, S. 39) zeigt sich Interkulturelle Kompetenz „in der Fähigkeit, kulturelle Bedingungen und Einflussfaktoren im Wahrnehmen, Urteilen, Empfinden und Handeln bei sich selbst und bei anderen Personen zu erfassen, zu respektieren, zu würdigen und produktiv zu nutzen." Für Bolten (2018, S. 192) stellt die Interkulturelle Kompetenz keine eigenständige Handlungskompetenz dar. Unter Berücksichtigung affektiver, kognitiver und konativer Aspekte geht es „[…] um die Realisierung eines kontextangemessenen Zusammenspiels persönlicher, sozialer, methodischer sowie sachlicher/fachlicher Handlungskompetenzen".

Interkulturelles Lernen hat einen großen Mehrwert für das Kennenlernen der eigenen sowie der fremden Kultur und erzeugt die Bewusstheit, dass jede Kultur über verschiedene explizite und implizite Wahrnehmungsmuster und Erwartungshaltungen verfügt. Dabei ist es entscheidend, neue Denkstile zu fördern und beispielsweise aus einem „Entweder-oder" auch ein „Sowohl-als-auch" zuzulassen. Die Erweiterung persönlicher Horizonte und die Bewusstwerdung des Eigenen im Kontext des Fremden sind elementare Lernprozesse, die dem Einzelnen sowohl im beruflichen wie auch im privaten Leben neue Qualitäten eröffnen und die Gestaltung zwischenmenschlicher Beziehungen maßgeblich verbessern können.

5.7   Coaching und Mentoring

Durch Coaching werden die Arbeitsprozesse der Fach- und Führungskräfte sowie die Talententwicklung im In- und Ausland nachhaltig unterstützt. Im Zentrum der Beratungsprozesse steht die lösungsorientierte Arbeit an individuellen und teamorientierten Zielstellungen und Erfolgsstrategien. Zudem werden Coachingmaßnahmen sehr erfolgreich in der Talentförderung eingesetzt, da die talentierten Mitarbeiter in der direkten Zusammenarbeit mit dem Coach konstruktive Handlungsmöglichkeiten und Problemlösestrategien entwickeln, um ihre Leistungsfähigkeit zu steigern und herausfordernde Situationen zielgerichtet zu meistern. Das erweiterte Handlungsrepertoire kann darüber hinaus auf neue Aufgabenstellungen übertragen werden, sodass ein souveräner Umgang mit beruflichen und interkulturellen Herausforderungen gewährleistet wird. Neben dem bewährten Einsatz von externen Coaches sollte sich auch jede Führungskraft als Coach begreifen und diesbezüglich qualifiziert sein.

Weiterhin können Mentoringprogramme wesentlich zur Entwicklung von Talenten beitragen. Mentoring „bezeichnet die Tätigkeit einer erfahrenen Person (Mentor) ihr Wissen und ihre Fähigkeiten an eine noch unerfahrene Person (Mentee) weiter zu geben. Ziel ist es, den Mentee in seiner persönlichen oder beruflichen Entwicklung innerhalb oder außerhalb des Unternehmens […] zu fördern" (Richert 2006, S. 7 ff.). Insbesondere der persönliche Austausch sowie die Möglichkeit zur individuellen inhaltlichen und zeitlichen Planung der Treffen führen dazu, dass diese Personalentwicklungsmethode von vielen talentierten Mitarbeitern gerne angenommen wird. Bei der internationalen Talententwicklung ist zu beachten, dass der Mentor neben seinen fachlichen Qualifikationen zudem über internationale Erfahrungen verfügt und sich in die Rolle sowie Erwartungen des Mentees hineinversetzen kann. Die Mentoren profitieren selbst von ihrer Mentorentätigkeit, da sie hierdurch eine zusätzliche Reflexionsmöglichkeit zu ihrem beruflichen Agieren erhalten. Da der Erfolg des Mentorings wesentlich von der Zusammenarbeit von Mentor und Mentee abhängt, wird hierdurch maßgebend die Eigenverantwortlichkeit gestärkt (Richert 2006, S. 10).

5.8   Action Learning, Learning Circles und Stretch Assignments

Action Learning, Learning Circles und Stretch Assignments stellen weitere interessante Maßnahmen in der Talentförderung dar, weil sie die individuelle Entwicklung der Mitarbeiter im Rahmen der tatsächlichen Herausforderungen des

Berufsalltags unterstützen. Wie Goldsmith und Carter (2010, S. 199) darlegen, lernen Menschen am besten, wenn sie neue Informationen auf aktuelle Herausforderungen anwenden, wenn sie in fortwährendem Austausch und Feedback mit ihren Kollegen stehen und wenn der Lernprozess die ganze Person involviert. Indem talentierte Kollegen spezielle Probleme identifizieren und Lösungen kreieren, entwickeln sie sich zu Experten und Erfahrungsträgern auf diesem Gebiet.

Learning Circles sind unternehmensinterne Lerngruppen, in denen selbst organisiert an den individuellen Themen und Herausforderungen der Teilnehmer gearbeitet wird. Bei Learning Circles wählt jeder Teilnehmer ein Ziel und erarbeitet realistische und relevante Handlungsschritte, um dieses Ziel zu erreichen (Goldsmith und Carter 2010, S. 204). Erst dann erfolgt die Formulierung und Umsetzung des nächsten Ziels. Durch Learning Circles erhalten die Teilnehmer eine wichtige Reflexions- und Feedback-Plattform. Zudem können sie ein bereichsübergreifendes Netzwerk aufbauen, durch dessen Unterstützung schnellere und effizientere Entscheidungs- und Problemlösungsprozesse möglich sind (Deters et al. 2012, S. 126).

Bei Action Learning arbeitet ein ausgewähltes Team von Mitarbeitern an einem realen Problem des Unternehmens, das außerhalb ihres Kompetenzbereichs liegt. Action Learning ermöglicht die Vorbereitung der Teilnehmer auf strategische Themen sowie die Weiterentwicklung von Entscheidungskompetenzen (Byham et al. 2002, S. 233). Durch die bereichsübergreifenden und strategisch ausgerichteten Aufgabenstellungen generiert diese Maßnahme ein hohes Commitment und Motivation unter den Beteiligten. Sowohl bei Action Learning als auch bei Learning Circles handelt es sich um wenig Ressourcen benötigende Maßnahmen in der Talententwicklung. Sie fördern die persönliche und fachliche Entwicklung der Kollegen, unterstützen das Erlernen von Soft Skills und Problemlösetechniken und ermöglichen einen ganzheitlichen Blick auf das Unternehmen (Deters et al. 2012).

Stretch Assignments ist eine individuelle Entwicklungsmaßnahme, bei der eine systematische Zuweisung besonders herausfordernder Aufgaben vorgenommen wird, wo Talente auch neue, noch nicht getestete Fertigkeiten anzuwenden haben. Oftmals handelt es sich um die Entwicklung von besonders bedeutenden Kompetenzen zur Vorbereitung auf eine Führungsposition, sodass Stretch Assignments zumeist als langfristige Maßnahme angelegt wird (Byham et al. 2002, S. 176, 199). Auch wenn die zugrunde liegende Annahme heißt: Je größer die Herausforderung, desto größer ist die Entwicklung, so sollte doch vor einer Überforderung gewarnt werden. Entscheidend ist, dass keine Unter- und Überforderung der Talente stattfindet, da ansonsten die Gefahr von Frustration und Demotivation droht.

Bei allen drei Maßnahmen ist es empfehlenswert, den Talenten einen Coach oder Mentor zur Seite zu stellen, der Ansprechpartner für Fragen und Probleme ist, der Feedback gibt und gegebenenfalls unterstützend eingreift (Byham et al. 2002, S. 188).

5.9　Einsatz von talentierten Mitarbeitern im Ausland

5.9.1　Chancen und Risiko

Eine interessante Maßnahme zur internationalen Talententwicklung stellt der internationale Einsatz von Mitarbeitern dar, denn Auslandsentsendungen dienen neben der Erfüllung operativer Zwecke in entscheidendem Maße auch der Personal- und Managemententwicklung. Für ein erfolgreiches Agieren im wirtschaftlichen Kontext reicht allein die fachliche Kompetenz nicht mehr aus. Internationales Know-how und interkulturelle Kompetenzen sind unerlässliche Soft Skills in einer globalisierten Wirtschaftsstruktur.

Neben der klassischen Form der Langzeitentsendung, werden verstärkt kürzere Formate an Bedeutung gewinnen, wie zum Beispiel die kurzfristigen Entsendungen von 3–6 Monaten, das Pendeln, Dienstreisen, Projekteinsätze oder Abordnungen. Für diese neue Priorisierung spielen auch finanzielle Aspekte eine wesentliche Rolle, denn langfristige Auslandsentsendungen gehören zu den investitionsträchtigsten Personalentscheidungen eines Unternehmens. Umso wichtiger sind eine passgenaue Betreuung und Unterstützung der Expatriates[1], damit sie in ihren Leistungen den gewünschten Erwartungen gerecht werden können.

Das gravierende Problem der Mitarbeiterkündigung nach einem Auslandsaufenthalt sollte zudem stärker von den Unternehmen berücksichtigt werden. Entsprechend neuerer Untersuchungen verlässt jeder vierte Auslandsrückkehrer innerhalb eines Jahres seinen Arbeitgeber (p.p.m. 2019). Die Unternehmen verlieren folglich nicht nur hoch qualifiziertes Personal, sondern ebenso wettbewerbsrelevantes Wissen und Erfahrungen. Umso entscheidender ist es, die Effizienz im internationalen Personaltransfer durch die Erhöhung der Leistungsfähigkeit und Zufriedenheit der Entsandten und Auslandsrückkehrer zu steigern. Dies kann z. B. dadurch erreicht werden, dass die Mitarbeiter zielgerechte

---

[1]Als Expatriates werden Mitarbeiter bezeichnet, die befristet für ein inländisches Unternehmen bzw. für eine Fremdfirma im Ausland tätig sind. Nach der Entsendung können die Expatriates auch als Rückkehrer oder Repatriates bezeichnet werden.

Qualifizierungs- und Beratungsangebote in allen Phasen der Entsendung, von der Auslandsvorbereitung bis zur Reintegration, erhalten. Ziel der Maßnahmen ist es, die Expatriates darin zu qualifizieren, ihr Handeln in fremd- und eigenkulturellen Kontexten effektiv zu gestalten und spezifischen Problemstellungen lösungsorientiert zu begegnen.

Ob ein Auslandseinsatz gelingt, hängt maßgeblich auch vom mitausreisenden Partner bzw. der Familie ab. Oft werden die Probleme, die auf die Mitreisenden zukommen, in der Entsendungspraxis unterschätzt. Im Gegensatz zum Entsandten, der zumeist in den Strukturen der Arbeit aufgehoben ist, haben die Partner interkulturelle Herausforderungen zu bewältigen, die mit hoher Selbstorganisation und Eigenverantwortlichkeit einhergehen. Viele Mitreisende fühlen sich in dieser Situation überfordert und alleine gelassen. Damit die Zeit im Ausland auch für die Partner erfolgreich verläuft, ist zum Beispiel die Durchführung von Coachings oder Seminaren sehr empfehlenswert.

5.9.2 Talent Management, Global Mobility und Wissenstransfer

Global Mobility umfasst den beschriebenen länderübergreifenden Transfer von Mitarbeitenden. Dabei sollte speziell zur Bindung auslandserfahrener und talentierter Mitarbeiter ein verstärktes Augenmerk auf den interkulturellen Wissens- und Erfahrungstransfer im Rahmen der Auslandsrückkehr gelegt werden. Die Reintegration ins Heimatland erweist sich oftmals als die schwierigste Phase innerhalb des Entsendungsprozesses. Ihr erfolgreicher Verlauf hängt wesentlich davon ab, inwieweit dem eigenen Qualifikationszuwachs im Ausland Rechnung getragen wird. Gudrun Kipp, die bei Bosch für internationale Entsendungen zuständig ist, erklärt diesbezüglich: „Der Rückfluss des erworbenen Wissens in das Unternehmen ist nicht nur ein ganz wesentlicher Zufriedenheitsfaktor für die Rückkehrer, sondern letztlich auch das entscheidende Kriterium für ein erfolgreiches Entsendungsmanagement" (Guba 2014, S. 32). Im Rahmen einer systematischen Personalentwicklung sollten daher die im Ausland erworbenen Erfahrungen, Fähigkeiten und Qualifikationen des Expatriates gezielt im Unternehmen aufgearbeitet, wertgeschätzt und genutzt werden. Für die Realisierung dieses Prozesses ist die Implementierung spezieller Programme und Methoden empfehlenswert. Als ein Beispiel soll an dieser Stelle die Personalentwicklungsmethode: SCIENTIA vorgestellt werden (Piéch 2019b). Diese Methode, die sowohl für die Expatriates als auch für die PartnerInnen einsetzbar ist, unterstützt die erfolgreiche Realisierung von Mitarbeiterentsendungen aus prozessorientierter

Sicht. Der Erfolg dieser Methode basiert auf der innovativen Synthese von gezielter Personalentwicklung während des gesamten Auslandsprozesses sowie der systematischen Wissensnutzung des interkulturellen Know-hows. Im Rahmen des Prozesses erwerben die Expatriates ein umfangreiches Spektrum an kommunikativen, reflexiven und interkulturellen Kompetenzen, wodurch sie ihrem Unternehmen als hoch qualifizierte und motivierte Mitarbeiter zur Verfügung stehen. Der Gewinn an Kompetenzen ist weit über den entsendungsspezifischen Kontext einsetzbar und dient der systematischen Personal- und Talententwicklung.

Talentbindung und Mitarbeitermotivation

6.1 Faktoren zur Erhöhung der Mitarbeiterbindung

Verlässt ein talentierter Mitarbeiter das Unternehmen, so verliert das Unternehmen nicht nur eine wertvolle Arbeitskraft, sondern auch wettbewerbsrelevantes Wissen und Erfahrungen. Zudem sind mit dem Verlust des Talents hohe finanzielle Kosten verbunden, die aus den bisher vorgenommenen Investitionen für z. B. Rekrutierung, Einarbeitung, Weiterbildung und Vergütung sowie aus den Kosten für die Neubesetzung der vakanten Position resultieren (Suutari et al. 2014, S. 239). Aus diesem Grund ist es wichtig, nicht nur in die Gewinnung und Entwicklung von Talenten zu investieren, sondern vor allem auch in die Bindung.

Wie kann eine erfolgreiche Personalbindung umgesetzt werden? Zu beachten ist, dass die Personalbindung bereits vor Eintritt eines Mitarbeiters in das Unternehmen einsetzt, wenn durch das Personalmarketing ein erster Bezug zu ihm hergestellt wird. Dabei ist entscheidend, wie sich der potenzielle Arbeitgeber in seinen Werten, seiner Arbeitskultur und seinen Entwicklungsmöglichkeiten präsentiert. Hier wird schon der erste Schritt zur späteren Mitarbeiterbindung gelegt (Flato und Reinbold-Scheible 2008). Da Talente auch für die Wettbewerber sehr interessant sind, sollte sich das Bindungs-Management an der zentralen Frage orientieren: Was könnte Talente zu einem Wechsel des Arbeitgebers veranlassen? Für eine bindende Wirkung sollten Maßnahmen und Aktivitäten angeboten werden, die die Arbeitszufriedenheit der Mitarbeiter erhöhen und Anreize zum Verbleib schaffen (Flato und Reinbold-Scheible 2008). Einen maßgeblichen Einfluss hat dabei die Qualität zwischenmenschlicher Beziehungen. Insbesondere die Beziehung zwischen Führungskraft und Mitarbeitenden ist entscheidend für die Bindungskraft. „Wenn die Bindekraft eines Vertrauensklimas zwischen Chef und Mitarbeitenden fehlt, dann erhöht sich die Fluktuationsrate überproportional" (Sprenger 2018, S. 284).

© Springer Fachmedien Wiesbaden GmbH, ein Teil von Springer Nature 2020
S. Piéch, *Internationale Talententwicklung in der digitalen Arbeitswelt,*
essentials, https://doi.org/10.1007/978-3-658-28892-1_6

6.2   Digitaler Stress und Gesundheitsmanagement

Der Einsatz neuer Technologien verändert erheblich die Geschwindigkeit, Komplexität und Transparenz in den Arbeitsprozessen. Neben den zahlreichen Vorteilen, die diese Entwicklungen mit sich bringen, müssen aber auch die zum Teil negativen Auswirkungen auf die Mitarbeiter berücksichtigt werden. Im Rahmen der Studie „Gesund digital arbeiten?!" empfindet jeder fünfte Arbeitnehmer starken digitalen Stress durch seinen Beruf. Zu den häufigsten Auswirkungen gehören Anspannung, Unruhe und Schlafstörungen (Ärzteblatt 2019). Zentrale Ursachen für den digitalen Stress sind die Angst vor Leistungsüberwachung, die Beschleunigung komplexer Arbeitsvorgänge und die erwartete ständige Erreichbarkeit sowohl für Wichtiges als auch für Belangloses. „Die Versuchung wächst, auf alles Eintreffende direkt zu reagieren. Unbemerkt geraten wir in einen stetigen Arbeitsmodus, der echtes Abschalten unmöglich macht" (ZIES 2018). Die erforderliche Priorisierung bei der Informationsflut wird zudem durch den digitalen Sog erschwert.

Es braucht also Regularien und präventive Maßnahmen im Umgang mit den neuen Technologien. Demgegenüber wird von den Mitarbeitern oftmals ein Mangel an Präventionsmaßnahmen in den Unternehmen und ein Desinteresse auf Führungsebene beklagt (Presseportal 2019). Die Arbeitgeber sollten ein großes Interesse daran haben, dass ihre Mitarbeiter gesund, motiviert und leistungsfähig bleiben. Die Gefahr, dass insbesondere Talente und Leistungsträger das Unternehmen verlassen, ist bei ungünstigen Arbeitsbedingungen besonders hoch. Daher ist die Umsetzung eines betrieblichen Gesundheitsmanagements (BGM) sehr zu empfehlen. Das BGM beinhaltet die Bemühungen und Maßnahmen zur gesundheitsförderlichen Gestaltung von Strukturen und Prozessen sowie zur gesundheitsförderlichen Befähigung der Beschäftigten (Gesunde KMU 2019). Die höhere Produktivität und Leistungsfähigkeit der Mitarbeiter hat zudem oft eine positive Auswirkung auf die Kundenzufriedenheit. „Jeder Euro, der für BGM eingesetzt wird, bringt somit ein Vielfaches an Nutzen (TK 2019)".

6.3   Zeitgemäße Arbeitsmodelle

Die flexible Arbeitszeitgestaltung ist ein hoher Attraktivitäts- und Bindungsfaktor für Mitarbeiter in der heutigen Zeit. Einerseits ermöglichen die digitalen Technologien die Flexibilisierung und andererseits wünschen sich die Mitarbeiter im zunehmenden Maße mehr Freiheit in der Gestaltung ihres Arbeitslebens. Wer Talente finden und langfristig an sein Unternehmen binden möchte, wird sich diesen Entwicklungen kaum entziehen können. Das belegt auch die im Auftrag der Bitkom repräsentative Befragung, bei der Arbeitgeber zunehmend Mitarbeitern die Möglichkeit einräumen, abseits der klassischen Büroräume zu arbeiten (Bikom 2019). Durch die Flexibilisierung der Arbeitszeit ist eine bessere Vereinbarkeit von Beruf, Familie und Freizeit möglich, was die Zufriedenheit und Motivation der Mitarbeiter maßgeblich erhöhen kann. Die Arbeitgeber profitieren zudem von der Flexibilisierung, weil die Mitarbeiter eine höhere Produktivität in ihren Leistungen erreichen können. „Die produktiven Arbeitsphasen können individuell sehr unterschiedlich sein. Wenn es für den Einzelnen möglich ist, zu Zeiten zu arbeiten, wo die Konzentration am höchsten ist, dann ist auch die Produktivität und Arbeitszufriedenheit höher" (Piéch 2017).

Für die flexible Arbeitszeitgestaltung stehen unterschiedliche Modelle zur Verfügung, sodass jedes Unternehmen, entsprechend den betrieblichen Erfordernissen, die passende Auswahl treffen kann. Am weitesten verbreitet sind derzeit folgende Modelle:

- Gleitzeit
- Funktionszeit
- Wahlarbeitszeit
- Vertrauensarbeitszeit
- Jahresarbeitszeit
- Lebensarbeitszeit

Grundsätzlich gilt: Egal für welches Modell sich ein Unternehmen entscheidet, es muss sich an die gesetzlichen Regelungen zu Arbeitszeiten und eventuell geltende Tarifverträge halten (DHZ 2019). Für die erfolgreiche Etablierung von Arbeitszeitmodellen sind entsprechende Rahmenbedingungen festzulegen. Zum Beispiel sollten beim Gleitzeitmodell die Grenzen für Höchst- und Minusstunden geregelt werden. Bei der Wahlarbeitszeit ist die Ausarbeitung von Personalplänen relevant, sodass die Personalstärke auch mit dem Bedarf übereinstimmt. Bei der Vertrauensarbeitszeit sind ein gutes Zeitmanagement und realistische Zielvereinbarungen erforderlich. Zudem gilt es zu prüfen, welche Arbeitsplätze sich für welche Modelle überhaupt eignen. Um betriebliche und persönliche Erfahrungen zu sammeln, ist es auch möglich, das Modell in einer Pilotphase zu erproben (DHZ 2019).

Neben den Vorteilen, die flexible Arbeitszeitmodelle mit sich bringen, müssen selbstverständlich auch die Nachteile berücksichtigt werden. Flexibles Arbeiten ermöglicht eine uneingeschränkte Erreichbarkeit. Wie aus dem Fehlzeiten-Report des wissenschaftlichen Instituts der AOK hervorgeht, können die verschwimmenden

Grenzen zwischen Berufs- und Privatleben verstärkt zu stressbedingten Gesund-
heitsbeschwerden bei den Mitarbeitern führen (Tutt 2019). Wie bereits im vor-
herigen Kapitel: Digitaler Stress erörtert wurde, braucht es klare Regelungen,
Absprachen und ein betriebliches Gesundheitsmanagement. In einigen Konzer-
nen wie BMW und Volkswagen räumen spezielle Regelungen den Beschäftigten
ein Recht auf Nichterreichbarkeit ein. Auch bei der Deutschen Telekom gibt es
die Regelung, dass leitende Angestellte ihren Mitarbeitern nach Dienstschluss,
am Wochenende und im Urlaub keine E-Mails schicken. So verkündete der Tele-
kom-Sprecher: „Erholzeiten sind Erholzeiten" (Tagesspiegel 2016).

Agiles Arbeiten erfordert ein hohes Maß an Selbstmanagement. Je nach
Persönlichkeitstyp sollten dem Mitarbeiter für das selbst organisierte Arbeiten vor-
bereitende und unterstützende Maßnahmen zur Verfügung gestellt werden. Neben
der Verbesserung innerbetrieblicher Abläufe ist hier insbesondere auch die Kompetenz der Führungskräfte gefragt, die Umsetzung des flexiblen Arbeitens konstruk-
tiv zu begleiten. Bei der Festlegung von Aufgaben und Zielvereinbarungen müssen
Führungskräfte beachten, dass die Fähigkeit zur Verantwortungsübernahme bei
den Mitarbeitern unterschiedlich ausgeprägt ist. Damit aus einer Förderung keine
Überforderung wird, sollten die Fähigkeiten und Kompetenzen der Kollegen situativ eingeschätzt, das Aufgabenspektrum angepasst und der Führungsstil darauf
ausgerichtet werden (Piéch 2017).

Mehr Informationen zum Thema flexibles Arbeiten sind auf der Seite der
Bundesanstalt für Arbeitsschutz und Arbeitsmedizin zu finden.

6.4   Internationale Mitarbeitermotivation

Um optimale Ergebnisse in der Talent- und Mitarbeiterbindung zu erzielen, sollten
Anreizsysteme angewendet werden, die sowohl die intrinsische als auch die extrin-
sische Motivation ansprechen. Handelt ein Individuum aus intrinsischer Motivation
heraus, so wird aus eigener Haltung und eigenem Antrieb zur Sache gehandelt,
ohne dass von außen eingewirkt wird. Die Arbeit an sich ist es, die gleichzeitig
motiviert, befriedigt und Freude bereitet (Rheinsberg 2002, S. 152). Bei der extrinsischen Motivation wirken als Motivator die von außen herangetragenen Einflüsse
und Anreize. Diese Impulse können sowohl materieller als auch immaterieller Herkunft sein (Sprenger 2014). Zum extrinsischen, materiellen Leistungsanreiz zählt
die monetäre Gratifikation. Immaterielle Anreize, können z. B. über die Karriereplanung, Arbeitsplatzgestaltung oder Qualifikationsmöglichkeiten gegeben werden
(Semar 2004). Zur Motivations- und Leistungssteigerung sowie zur Bindung von
Mitarbeitern sollten die Anreizsysteme im geeigneten Wechsel erfolgen.

Insbesondere bei der Bindung von internationalen Talenten ist zu beachten, dass es entsprechend der kulturellen Herkunft unterschiedliche Bedürfnis- und Motivstrukturen gibt. Dr. Gilbert erklärt diesbezüglich: „Die Motivationsfaktoren variieren landes- und unternehmensabhängig - selbst innerhalb von Unternehmen können sie zwischen den verschiedenen Geschäfts- und Funktionsbereichen abweichen. Aus diesem Grund ist es wichtig, dass die Arbeitgeber die individuellen Motivationsfaktoren in ihrem Unternehmen ermitteln und nutzen. Auf diese Weise lassen sich die Investitionsrenditen für HR-Ausgaben maximieren" (Mercer 2008). Wie die Forschungsergebnisse von Mercer in der Studie „Enging employees to drive global business success" zeigen, wird das Mitarbeiterengagement stark vom unternehmerischen und kulturellen Umfeld bestimmt. Die Studie listet unterschiedliche kulturelle Motivationsfaktoren aus 22 Ländern auf. Dabei zählt ein respektvoller Umgang weltweit zum wichtigsten Faktor (Mercer 2008).

6.5 Talentbindung via Talententwicklung

Talententwicklung ist eng gekoppelt mit der Talentbindung. Die Arbeitszufriedenheit hängt maßgeblich auch damit zusammen, welche Entwicklungsmöglichkeiten das Unternehmen dem Mitarbeiter bietet. In der einschlägigen Fachliteratur erfolgt die Unterteilung von Personalentwicklungsmaßnahmen oft nach der Klassifizierung von Conradi (in Holtbrügge 2018), wo die Maßnahmen hinsichtlich der zeitlichen, inhaltlichen und räumlichen Nähe zum Arbeitsplatz eingeordnet werden. Zum Beispiel kann die Personalentwicklung in folgenden Formen vonstattengehen: On-the-Job umfasst vor allem arbeitsplatzbezogene Maßnahmen. Off-the- Job beinhaltet arbeitsplatzübergreifende Maßnahmen und Near-the-Job beschreibt arbeitsplatznahe Maßnahmen. Festzustellen ist, dass sich Qualifizierungen im öffentlichen Sektor bisher vorrangig auf Off-the-Job-Maßnahmen, wie zum Beispiel Seminare oder Konferenzen konzentrieren. Hierbei geht es vorrangig um die Aneignung bzw. Erweiterung von Wissen (Thom und Ritz 2019). Empfehlenswert ist es, bei der Führungskräfte- und Talententwicklung auch den Fokus auf On-the-Job-Maßnahmen zu legen, da zum Beispiel durch Coaching oder Mentoring individuellere Entwicklungsprozesse möglich werden. Zudem kann die Veränderung von Verhaltensweisen in diesem Rahmen effektiver umgesetzt werden als bei seminarähnlichen Weiterbildungsveranstaltungen. Für Teamentwicklungsmaßnahmen bietet sich eine Mischung aus Off-the-Job und On-the-Job-Maßnahmen an, da hier unterschiedliche Konstellationen in der Zusammenarbeit zu berücksichtigen sind. Ferner gilt es, die motivierenden

Effekte von Near-the Job-Maßnahmen wie z. B. Qualitätszirkel und Maßnahmen zur Arbeitsfeldvergrößerung durch Job Enlargement, Job Enrichment und Job Rotation verstärkt einzusetzen. Diese Maßnahmen wurden bereits im Abschn. 5.3 näher erläutert.

Insbesondere junge Talente suchen individuelle Entwicklungschancen, Abwechslung und Gestaltungsfreiheit in den Arbeitsabläufen. Bloßes Abarbeiten von Routineaufgaben ist wenig attraktiv für sie. Die sogenannten Digital Natives, die durch den täglichen Gebrauch von Sozialen Medien oft über viel Wissen in der virtuellen Kommunikation verfügen, sind unmittelbares Feedback gewohnt und erwarten dies auch im Arbeitskontext. Sie legen Wert auf einen respektvollen und wertschätzenden Umgang. „Fehlende oder mangelnde Wertschätzung ist einer der häufigsten Gründe, warum junge Talente ihren Job wechseln" (IPA 2019). Junge Talente suchen in der Arbeit Sinnhaftigkeit und Selbstverwirklichung. In ihrer Werteorientierung nimmt die Vereinbarkeit von Beruf und Privatleben einen großen Stellenwert ein. Die Attraktivität eines Arbeitgebers erhöht sich maßgeblich, wenn diese Bedürfnisse in Form von flexiblen Arbeitszeiten und einer gezielten Karriereplanung berücksichtigt werden.

Prinzipiell sollte sich die Personalentwicklung an den Potenzialen und Bedürfnissen der Mitarbeiter orientieren. Dabei ist es entscheidend, eine altersdifferenzierte Betrachtung vorzunehmen und auch ältere Kollegen in die Entwicklungsprogramme einzubeziehen. Zukunftsorientierte Unternehmen wissen um die Kompetenzen und Potenziale ihrer älteren Kollegen und schaffen deshalb speziell für diese Zielgruppe attraktive Arbeitsbedingungen und Qualifizierungsmöglichkeiten. Empfehlenswert ist es, die Talententwicklung im Rahmen einer lebensphasenorientierten Personalpolitik zu integrieren. Somit können die unterschiedlichen Berufs- und Lebensphasen der Mitarbeiter durch passende Rahmenbedingungen und Förderstrukturen bedarfsorientiert begleitet werden. Diese Personalpolitik kann insbesondere dadurch die Leistungsfähigkeit und Leistungsbereitschaft der Beschäftigten fördern, weil sie wesentlich zur Reduzierung von Stressfaktoren, „verursacht insbesondere durch Zeitdruck und Betreuungsprobleme" beiträgt (ibe 2019).

Die Aufgabe der Personalentwickler besteht folglich darin, für die jeweiligen Altersklassen mit ihren individuellen Qualifizierungsgraden die effizientesten Personalentwicklungsmaßnahmen zu wählen (Deters et al. 2012). Dabei ist es wichtig, dass Talente motiviert sind, sich den neuen Herausforderungen zu stellen und sie erfolgreich zu bewältigen. Dieses Erfordernis trifft auf das neue Selbstverständnis vieler qualifizierter Mitarbeiter, die sich für ihre berufliche Zufriedenheit nicht nur eine reine Beschäftigungssicherheit, sondern vor allem Eigenverantwortung, Flexibilität und Freiraum zur Verwirklichung eigener Ideen wünschen (Rundstedt 2013).

Ein zentraler Bestandteil des Talent-Managements ist zudem die Nachfolgeplanung. Durch die Identifikation und Qualifizierung von geeigneten Nachfolgern
für freiwerdende Positionen können sich neue Perspektiven und Bewährungs-
möglichkeiten eröffnen, die sich wiederum positiv auf die Mitarbeitermotivation
und Talentbindung auswirken. Wenn sich Mitarbeiter dennoch entscheiden, das
Unternehmen zu verlassen, sollte durch ein gezieltes Bindungsmanagement ver-
sucht werden, die Arbeitgeber-Arbeitnehmer Beziehung aufrechtzuerhalten. Ziele
können z. B. sein, unternehmensübergreifende Synergien aufzubauen, das Unter-
nehmerimage zu stärken oder sogar ausgeschiedene Talente wieder zurück zu
gewinnen und langfristig an das Unternehmen zu binden.

Praxisleitfaden für die internationale Talententwicklung

Im Folgenden werden die Inhalte des *essentials* in Form von Dos and Don'ts für die praktische Umsetzung zusammengefasst. Die Inhalte des Praxisleitfadens können sowohl für die nationale als auch für die internationale Talententwicklung genutzt werden.

Praktizieren Sie eine berufsbegleitende Talententwicklung
Im Rahmen des Talentmanagements kommt der Entwicklung von Talenten eine prozessbegleitende Rolle in allen Phasen des Arbeitsprozesses zu. Auch erfolgreiche Mitarbeiter wollen weiterhin gefördert werden. Durch zukunftsorientierte Perspektiven steigern Sie die Arbeitszufriedenheit und Leistungsmotivation Ihrer Mitarbeiter.

Jeder Mitarbeiter ist wichtig!
Neben der Förderung der Besten konzentrieren Sie sich auch auf die Talente und Stärken eines jeden Kollegen im Rahmen einer gezielten Personalentwicklung. Schaffen Sie eine Arbeitskultur, in der sich jeder Mitarbeiter motiviert fühlt, sein Bestes zu geben.

Erweitern Sie die Verantwortlichkeiten
Ein erfolgreiches Talentmanagement ist in der Unternehmensstrategie verankert und sollte neben der Verantwortlichkeit des Human Resources Managements strukturell auch auf Geschäfts- und Vorstandsebene eingebunden sein.

Ein „zu klein" gibt es nicht!
Nicht die Größe des Unternehmens ist entscheidend, um eine gezielte Personal- und Talententwicklung umzusetzen. Neben den Großunternehmen sollten auch klein- und mittelständische Unternehmen sowie öffentliche Arbeitgeber die Chancen eines international ausgerichteten Talentmanagements nutzen.

© Springer Fachmedien Wiesbaden GmbH, ein Teil von Springer Nature 2020   43
S. Piéch, *Internationale Talententwicklung in der digitalen Arbeitswelt*,
essentials, https://doi.org/10.1007/978-3-658-28892-1_7

Zeigen Sie Offenheit für digitale Entwicklungen
Erkennen Sie die Chancen, die die Digitalisierung von Arbeitsprozessen und der Einsatz von Künstlicher Intelligenz bieten und nutzen Sie die digitalen Möglichkeiten zur Qualitätssteigerung, Kostenreduktion und Erhöhung der Mitarbeiterzufriedenheit. Gestalten Sie den digitalen Wandel aktiv mit.

Bereiten Sie Ihre Mitarbeiter auf Change Prozesse bestmöglich vor
Digitale Transformation funktioniert nicht ohne soziale Transformation. Hochgradige Automatisierungsprozesse bringen Änderungen in der Unternehmenskommunikation und der Gestaltung der Zusammenarbeit mit sich. Die neuen Arbeitsformen erfordern ein verändertes Set an Schlüsselqualifikationen bei den Führungskräften und Mitarbeitern. Eine gute Vorbereitung und prozessorientierte Begleitung sind unabdingbar für den unternehmerischen Erfolg.

Nutzen Sie die Möglichkeiten des Employer Brandings
Bei der Gewinnung und langfristigen Bindung talentierter Mitarbeiter spielt Employer Branding eine wichtige Rolle. Beachten Sie, dass die Personalbindung bereits beim ersten Kontakt durch das Personalmarketing geprägt wird. Richten Sie Ihre Recruiting-Strategien global aus und positionieren Sie sich gegenüber Ihren Wettbewerbern als attraktiver Arbeitgeber.

Investieren Sie in Ihre Führungskräfte
Der digitale Wandel erfordert neue Ansätze in der Führung. Menschen werden sich immer schwerer nur traditionell führen lassen. Neben einer starken Führungsmotivation brauchen Führungskräfte ein umfassendes Spektrum an Führungswissen und Handlungskompetenzen, um in der Funktion erfolgreich zu agieren. Zudem spielt die Reflexion des eigenen Führungsverhaltens und die Weiterentwicklung des persönlichen Führungsstils eine elementare Rolle, um die Talententwicklung der Kollegen erfolgreich zu unterstützen.

Implementieren Sie Diversity Management
Die Basis für den Arbeitserfolg bildet eine Organisationskultur, die sich durch gegenseitige Achtung, Wertschätzung und Offenheit auszeichnet. Diversity Management stellt somit einen wichtigen Faktor für den Unternehmenserfolg dar, denn die Anerkennung und Förderung der personellen Vielfalt wirkt sich nachhaltig positiv auf die Leistungsfähigkeit und Motivation der Mitarbeiter aus.

Setzen Sie Talent-Pools nicht unkritisch ein
Mit der Aufnahme in einen Talent-Pool verknüpfen die Mitarbeiter auch Erwartungen. Kann das Unternehmen diesen Erwartungen gerecht werden und ist der Mitarbeiter wirklich in der Lage, die konkreten Anforderungen der zu besetzenden Position zu erfüllen?

Etablieren Sie ein betriebliches Gesundheitsmanagement
Bitte unterschätzen Sie nicht die Folgen von Überlastung und digitalem Stress. Die Gesundheit Ihrer Mitarbeiter sollte an erster Stelle stehen. Die Umsetzung eines betrieblichen Gesundheitsmanagements ist ein wichtiger Schritt für die Rekrutierung und Bindung von Leistungsträgern und talentierten Mitarbeitern.

Beachten Sie die unterschiedlichen Leistungsmotive Ihrer Mitarbeiter
Das Leistungsverhalten und die Leistungsmotive sind entsprechend der jeweiligen Landeskultur unterschiedlich ausgeprägt. Der Einsatz von internationalen Talenten erfordert dementsprechend die Berücksichtigung von wirksamen Management- und Kommunikationsstilen, die sehr präzise auf die kulturellen Backgrounds der Mitarbeiter abzustimmen sind.

Erkennen Sie die Bedeutung von Coaching und Mentoring
Coaching und Mentoring stellen zentrale Bausteine in der internationalen Talententwicklung dar, weil hierdurch sehr spezifische Entwicklungsprozesse ermöglicht werden. Coaching und Mentoring können zum einen als individuelle Maßnahmen fungieren. Andererseits können dadurch andere Strategien, wie z. B. Job Rotation, Action Learning, Learning Circles oder Stretch Assignments unterstützend begleitet werden.

Unterschätzen Sie nicht die Bedeutung der Interkulturellen Kompetenz
Interkulturelle Kompetenz stellt eine entscheidende Grundlage dar, damit das Agieren in internationalen Arbeitskontexten sowie die Zusammenarbeit in internationalen Arbeitsteams gelingen. Eine gezielte Förderung der interkulturellen Kompetenz ist daher keine Kür sondern eine Voraussetzung.

Verschenken Sie nicht das wertvolle Wissenspotenzial Ihrer Expatriates
Kann der Expatriate seine im Ausland erworbenen Erfahrungen und Fähigkeiten nach der Rückkehr nicht in die Praxis einbringen, steigt das Risiko der Mitarbeiterunzufriedenheit und des Arbeitgeberwechsels. Sie verlieren nicht nur eine wertvolle Arbeitskraft, sondern auch wettbewerbsrelevantes Wissen und Erfahrungen.

Etablieren Sie eine positive Gesprächskultur
Erfolgreiche Arbeitsbeziehungen basieren auf einer positiven Gesprächskultur. Nutzen Sie die Mitarbeitergespräche, um neben dem Informationsaustausch auch Ihre Wertschätzung gegenüber den Kollegen zum Ausdruck zu bringen. Ein respektvoller Umgang zählt weltweit zum wichtigsten Motivationsfaktor.

Seien Sie innovativ in Ihren Gestaltungsmöglichkeiten
Lassen Sie sich nicht vom angeblichen Kosten- und Zeitaufwand zurückhalten, eine internationale Talententwicklung umzusetzen. Bereits geringe Investitionen können große Wirkungen erzielen. Nutzen Sie daher Ihre Gestaltungsspielräume, um effektive Maßnahmen in der Talententwicklung zu implementieren.

Fazit 8

Talente sind der zentrale Schlüsselfaktor für den unternehmerischen Erfolg. Durch die Intensivierung globaler Wirtschaftsbeziehungen, der zunehmenden digitalen Vernetzung und das Problem des Fachkräftemangels kommt der Internationalen Talententwicklung in Unternehmen und Organisationen eine besondere Bedeutung zu. In dieser Publikation wurde dargestellt, welche Position die internationale Talententwicklung im Rahmen des Talent-Management-Prozesses einnimmt und welche Besonderheiten bei der Etablierung und Umsetzung des Aufgabengebiets im Zeitalter der Digitalisierung zu beachten sind. Dabei wurde insbesondere auf die strategische Bedeutung im Unternehmens- und Organisationskontext hingewiesen.

Zu betonen ist, dass eine gezielte Talententwicklung nicht nur für die Großunternehmen, sondern auch für klein- und mittelständische Unternehmen sowie für Arbeitgeber des öffentlichen Sektors relevant ist. Auch wenn zum Beispiel keine globalen Geschäftsaktivitäten geplant sind, so ist doch der Fokus auf die Veränderungen des Arbeitsmarktes, insbesondere der Erwerbstätigenstruktur, zu richten. Hierbei rücken zunehmend Fachkräfte und Talente internationaler Herkunft in den Blickpunkt des Interesses, um für aktuelle und künftige Herausforderungen wie Internationalisierung oder Professionalisierung gerüstet zu sein. Wie bereits dargelegt wurde, hat jedes Unternehmen selbst festzulegen, auf welche Art und Weise die Umsetzung der Talententwicklung erfolgt. Deshalb sollten auch die klein- und mittelständischen Unternehmen die Chance nutzen und mit gezielten Entwicklungsmaßnahmen beginnen. Bereits durch kostenbewusste Investitionen sind große Wirkungen möglich. Ein erster Schritt könnte beispielsweise sein, alltägliche Aufgaben sowie bestehende Projekt- und Arbeitsprozesse systematisch für die Personalentwicklung zu nutzen, indem Talente gezielt bei Bewältigungs- und Lösungsprozessen eingebunden, gefordert und gefördert

© Springer Fachmedien Wiesbaden GmbH, ein Teil von Springer Nature 2020 47
S. Piéch, *Internationale Talententwicklung in der digitalen Arbeitswelt,*
essentials, https://doi.org/10.1007/978-3-658-28892-1_8

werden. Die dadurch entstehende Win-Win-Situation für das Unternehmen und für die talentierten Mitarbeiter wirkt sich positiv auf das gesamte Arbeitsklima und auf die Wettbewerbsfähigkeit aus.

In diesem Buch wurden verschiedene Maßnahmen diskutiert, wie eine erfolgreiche Talententwicklung auf nationaler, internationaler und digitaler Ebene umgesetzt werden kann. Das Spektrum der Ausführungen erstreckte sich von grundlegenden Aspekten der Unternehmens- bzw. Organisationskultur, der Mitarbeiterkommunikation und Personalführung, der Talententwicklung im Kontext von Digitalisierung und Künstlicher Intelligenz bis hin zu konkreten Maßnahmen in der Talent- und Führungskräftequalifizierung. Zum Abschluss fasste ein Praxisleitfaden, in Form von Do's and Dont's, die relevanten Inhalte nochmal zusammen und rundete die Diskussion inhaltlich ab.

Durch die Realisierung einer gezielten Talententwicklung wird ein Gewinn in mehrfacher Hinsicht erzielt, denn neben der Steigerung der Leistungsfähigkeit werden die Arbeitszufriedenheit und Mitarbeitermotivation sowie die Personalbindung positiv beeinflusst. Entscheidend ist, dass die systematische Talententwicklung sowohl im Verantwortungsbereich der Arbeitgeber als auch in der Verantwortung jedes einzelnen Mitarbeiters liegt. Talente sollten dementsprechend einen betrieblich unterstützenden Rahmen erhalten, indem sie eigeninitiativ an der Entwicklung ihrer Karriere arbeiten können. Die Umsetzung einer individuell ausgerichteten Talententwicklung sollte auf einer gezielten Feedbackkultur basieren, die z. B. durch regelmäßige Entwicklungsgespräche, Coachings oder Mentorings erfolgreich begleitet wird.

Für die Erzeugung eines positiven Arbeitsklimas, das die Grundlage für die Motivation und Leistungsbereitschaft der Mitarbeiter ist, spielt insbesondere die Wertschätzung der Unterschiedlichkeit der Menschen eine große Rolle. Dabei ist ein loyaler Umgang auf fachlicher und persönlicher Ebene die Basis dafür, dass die Kollegen motiviert und verantwortungsbewusst den Wertschöpfungsprozess des Unternehmens mitgestalten.

Auch wenn eine differenzierte Förderung von Talenten wichtig ist, so soll zum Abschluss daran appelliert werden, die Talente und Stärken eines jeden Kollegen im Rahmen einer gezielten Personalentwicklung zu fördern. Es sollte nicht nur um die Suche nach „den Besten" gehen, sondern ebenfalls um die Suche nach „dem Besten" in jedem Einzelnen, und zwar auch innerhalb der Reihen der eigenen Belegschaft. Hierin liegt ein großes Potenzial, das viele Unternehmen und Organisationen noch für sich erschließen können.

Was Sie aus diesem *essential* mitnehmen können

- Vermittelt ein solides Verständnis für das Arbeitsgebiet der internationalen Talententwicklung im Kontext des gesamten Talent-Management-Prozesses
- Verschafft einen umfassenden Überblick zu Maßnahmen, Erfolgsprinzipien und Handlungsempfehlungen in der Entwicklung von Talenten in der digitalen Arbeitswelt
- Erläutert die Bedeutung der strategischen Einbindung auf Geschäfts- und Vorstandsebene
- Benennt Handlungsempfehlungen zum konstruktiven Umgang mit digitalen und interkulturellen Herausforderungen in der internationalen Talent- und Personalentwicklung
- Erklärt den Zusammenhang der Talententwicklung für die Erhöhung der Arbeitszufriedenheit, Mitarbeitermotivation und Personalbindung
- Beinhaltet einen Praxisleitfaden mit 17 Do's and Dont's für die Umsetzung einer internationalen Talententwicklung im Zeitalter der Digitalisierung

© Springer Fachmedien Wiesbaden GmbH, ein Teil von Springer Nature 2020   49
S. Piéch, *Internationale Talententwicklung in der digitalen Arbeitswelt,*
essentials, https://doi.org/10.1007/978-3-658-28892-1

Literatur

Amerland, A. (2018). Talentierte Mitarbeiter finden und binden. https://www.springer-professional.de/talentmanagement/fachkraeftemangel/talentierte-mitarbeiter-finden-und-binden/15417156. Zugegriffen: 4. Nov. 2019.

Ärzteblatt. (2019). Digitaler Stress belastet Arbeitnehmer. https://www.aerzteblatt.de/nachrichten/105632/Digitaler-Stress-belastet-Arbeitnehmer. Zugegriffen: 25. Okt. 2019.

Bayerl, S. (2015). Mitarbeiter geben Gas. http://www.personalmanagement.info/hr-knowhow/presseinformationen/detail/mitarbeiter-geben-gas/. Zugegriffen: 30. Okt. 2019.

BDA Bundesvereinigung der Deutschen Arbeitgeberverbände. (2013). Vereinbarkeit von Familie und Beruf. Praxisbeispiele aus der Wirtschaft. http://www.beruf-und-familie.de/system/cms/data/dl_data/0e1a8e9274cf1ce1a68bfc1809c40bff/BDA_Vereinbarkeit_von_Familie_und_Beruf.pdf. Zugegriffen: 29. Okt. 2019.

Bittelmeyer, A. (2014). Tschüss Chef! Führung ohne Führungskräfte. *mangerSeminare, 196*(Juli), 18–23.

Byham, W. C., Smith, A. B., & Paese, M. J. (2002). *Grow your own leaders: How to identify, develop, and retain leadership talent.* Upper Saddle River: Prentice-Hall.

Bolten, J. (2018). *Einführung in die Interkulturelle Wirtschaftskommunikation* (3. Aufl.). Göttingen: Vandenhoeck & Ruprecht.

Bußmann, N. (2014). Führung muss Ermöglichung, nicht Bestimmung sein. Interview mit Google-Personalleiter Frank Kohl-Boas. *mangerSeminare, 196*(Juli), 64–66.

Charta der Vielfalt. (2019a). Factbook Diversity. Positionen, Zahlen, Argumente. file:///C:/Users/sypi01/Downloads/Factbook_Diversity_2019.pdf. Zugegriffen: 2. Nov. 2019.

Charta der Vielfalt. (2019b). Die Diversity Dimensionen. https://www.charta-der-vielfalt.de/diversity-verstehen-leben/diversity-dimensionen/. Zugegriffen: 2. Nov. 2019.

Clement, U., & Clement, U. (2014). Interkulturelles Training. http://uteclementconsulting.de/media/publikationen/Interkulturelles-Training.pdf. Zugegriffen: 27. Okt. 2019.

Deloitte. (2019). Digital Talente – Das große Umdenken. www2.deloitte.com/de/de/pages/about-deloitte/articles/digital-talent-grosses-umdenken.html. Zugegriffen: 4. Nov. 2019.

Deters, J. (2012). *Integratives Talentmanagement. Entwicklung, Umsetzung und nachhaltige Gestaltung.* Lehrforschungsprojekt-Bericht. Universität Lüneburg.

DHZ. (2019). Flexible Arbeitszeit: Die Modelle im Überblick. https://www.deutsche-handwerks-zeitung.de/flexible-arbeitszeit-verschiedene-modelle-im-ueberblick/150/3099/282885. Zugegriffen: 30. Okt. 2019.

© Springer Fachmedien Wiesbaden GmbH, ein Teil von Springer Nature 2020   51
S. Piéch, *Internationale Talententwicklung in der digitalen Arbeitswelt,*
essentials, https://doi.org/10.1007/978-3-658-28892-1

Dittes, A. (2018). Die digitale Revolution – Neue Möglichkeiten im Recruiting. In H. R. Fortmann & B. Kolocek, (Hrsg.), *Arbeitswelt der Zukunft. Trends – Arbeitsraum – Menschen – Kompetenzen* (S. 209–220). Wiesbaden: Springer.

Dries, N., Cotton, R. D., Bagdadli, S., & Ziebell, M. (2014). HR Directors' understanding of 'Talent': A cross-cultural study. In A. Al Ariss (Hrsg.), *Global talent-management, challenges, strategies, and opportunities.* Heidelberg: Springer.

Egle, G. (2019). Eisbergmodell des Bewußtseins. http://www.teachsam.de/psy/psy_pers/psy_pers_freud/psy_pers_freud_5.htm. Zugegriffen: 24. Okt. 2019.

Engels,C. (2019). Deutschland bei Digitaltalenten zweitbeliebtester Arbeitsmarkt. https://www.rethink-blog.de/fachkraeftemarkt/deutschland-bei-digitaltalenten-zweitbeliebtester-arbeitsmarkt/. Zugegriffen: 24. Okt. 2019.

Fortmann, H. R., & Kolocek, B. (2018). *Arbeitswelt der Zukunft. Trends-Arbeitsraum-Menschen-Kompetenzen.* Wiesbaden: Springer Gabler.

Gensinger, I. (2018). Digital Leadership: Welchen Führungsstil digitale Transformation wirklich braucht. https://www.cmo.com/de/articles/2018/8/22/digital-leadership-welchen-fuhrungsstil-digitale-transformation-wirklich-braucht.html#gs.9fukum. Zugegriffen: 29. Okt. 2019.

Gesunde KMU. (2019). Was ist Betriebliches Gesundheitsmanagement? http://www.gesundekmu.de/gesundekmu/startseite/was-ist-betriebliches-gesundheitsmanagement.html. Zugegriffen: 30. Okt. 2019.

Goldsmith, M., & Carter, L. (2010). *Best practices in talent-management: How the world's leading corporations manage, develop, and retain top talent.* San Francisco: Pfeiffer.

Guba, W. (2014). Im Ausland ein König – zuhause bleibt wenig. *Personalwirtschaft. Sonderheft, 5*(2014), 31–33.

Gutmann, J., & Gatzke, E. (2015). *Talentmanagement.* Freiburg: Haufe-Lexware.

Haufe. (2019). Robot Recruiting: Möglichkeiten und Grenzen. www.haufe.de/personal/hr-management/robot-recruiting_80_484436.html. Zugegriffen: 12. Okt. 2019.

Heise, W. (2011). Das Kleine 1 x 1 der Organisationslehre. Lulu.com.

Hofert, S., & Thonet, C. (2019). *Der agile Kulturwandel. 33 Lösungen für Veränderungen in Organisationen.* Wiesbaden: Springer Gabler.

Holtbrügge, D. (2018). *Personalmanagement* (7. Aufl.). Wiesbaden: Springer Gabler.

ibe. (2019). Lebensphasenorientierte Personalpolitik. https://www.ibe-ludwigshafen.de/lebensphasenorientierte-personalpolitik/. Zugegriffen: 12. Sept. 2019.

IPA. (2019). „Wir wollen nicht gekauft werden" – Was junge Arbeitnehmer wirklich wollen. https://digitalpeoplemanagement.de/wir-wollen-nicht-gekauft-werden-was-junge-arbeitnehmer-wirklich-wollen/. Zugegriffen: 22. Okt. 2019.

https://www.ibe-ludwigshafen.de/lebensphasenorientierte-personalpolitik/. Zugegriffen: 12. Sept. 2019.

Kaschube, J. (2006). *Eigenverantwortung – eine neue berufliche Leistung. Chance oder Bedrohung für die Organisation?* Göttingen: Vandenhoeck & Ruprecht.

Lackner, M. (2014). *Talent-Management spezial. Hochbegabte, Forscher und Künstler erfolgreich führen* (2. Aufl.). Wiesbaden: Springer Fachmedien.

Leichsenring, H. J. (2018). Digitalisierung verändert die Arbeitswelt dramatisch. https://www.der-bank-blog.de/digitalisierung-veraendert-die-arbeitswelt-dramatisch/studien/trends-studien/38274/. Zugegriffen: 22. Okt. 2019.

Lienhart, A. (2011). *Respekt im Job. Strategien für eine andere Unternehmenskultur.* München: Kösel.

Lies, J. (2019). Definitionen Unternehmensziele und Unternehmenskultur. http://wirtschaftslexikon.gabler.de/Definition/unternehmenskultur.html#definition. Zugegriffen: 30. Okt. 2019.

Mercer. (2008). Mercer-Studie: Mitarbeitermotivation entscheidet über Geschäftserfolg. http://www.pressetext.com/news/20080215016. 15.02.2008, Zugegriffen: 31. Okt. 2019.

Meyer, M., & Waltersbach, A. (2019). Fehlzeiten-Report 2019 – Flexible Arbeit kann krank machen. www.gg-digital.de/2019/09/flexible-arbeit-kann-krank-machen/index.html. Zugegriffen: 26. Okt. 2019.

Michaels, E., Handfield-Jones, H., & Axelrod, B. (2001). *The war for talent.* Boston: Harvard Business Review Press.

Neben, A. (2015). Interview zum Thema: Talententwicklung bei der Lufthansa Technik AG. 05.03.2015. Hamburg.

Personio. (2019). Talent pool. https://www.personio.de/hr-lexikon/talent-pool/. Zugegriffen: 29. Okt. 2019.

Piéch, S. (2009). *Das Wissenspotenzial der Expatriates. Zur Prozessoptimierung von Auslandsentsendungen.* Sternenfels: Wissenschaft und Praxis.

Piéch, S. (2013). Verstehen wir uns? Weltweit erfolgreich kommunizieren. Unternehmer-Magazin: Ideen – menschen – innovationen. Ausgabe 1.

Piéch, S. (2015). *Internationale Talententwicklung im Human Resources Management.* Wiesbaden: Springer Gabler.

Piéch, S. (2016). Performance and talent: Essentials of international talent development. In M. Zeuch (Hrsg.), *Handbook of human resources management* (S. 511–542). Berlin: Springer.

Piéch, S. (2019a). *Arbeiten in der Zukunft – Ein Ausblick. Beitrag im Tagungsbericht über das 3. Symposium „Lohn im Fokus" der BStBK.* Beck: München.

Piéch, S. (2019b). Die Personalentwicklungsmethode SCIENTIA³. http://iifp.de/entsendungsberatung-2/scientia3/. Zugegriffen: 2. Nov. 2019.

Piéch in Köhler, M. (2017). Ziele statt Anwesenheitspflicht. Experteninterview mit Dr. Sylke Piéch zur flexiblen Arbeitszeitgestaltung, competitionline NEWS, 01.11.2017.

Pomrehn, W. (2018). Sichere Mensch-Roboter-Kollaboration ohne Schutzzaun. https://www.kan.de/publikationen/kanbrief/inklusion-heute/sichere-mensch-roboter-kollaboration-ohne-schutzzaun/. Zugegriffen: 30. Okt. 2019.

p.p.m. (2019). Wiedereingliederung von Expats – damit die Rückkehr nicht zum Alptraum wird. https://ppm-personal.de/minestrone/detail/aktuelles/wiedereingliederung-von-expats-damit-die-rueckkehr-nicht-zum-alptraum-wird/. Zugegriffen: 12. Okt. 2019.

Presseportal. (2019). Stress in der Arbeit raubt 40 Prozent der Deutschen Arbeitnehmer den Schlaf. https://www.presseportal.de/pm/64022/4262358. Zugegriffen: 22. Sept. 2019.

Retting, D. (2014). Mitarbeitergespräche – Richtig reden. WirtschaftsWoche Ausgabe: 22. Januar 2014. http://www.wiwo.de/erfolg/beruf/mitarbeitergespraeche-richtig-reden/9324224.html. Zugegriffen: 12. Okt. 2019.

Richert, V. (2006). *Mentoring und lebenslanges Lernen. Individuelles Wissensmanagement im Informationszeitalter.* Saarbrücken: Dr. Müller.

Ritz, A., & Sinelli, P. (2018). Talent Management – Überblick und konzeptionelle Grundlagen. In A. Ritz & N. Thom (Hrsg.), *Talent-Management, Talente identifizieren, Kompetenzen entwickeln, Leistungsträger erhalten* (3. Aufl., S. 3–31). Wiesbaden: Springer.

Rundstedt. (2013). Talents-Trends-Umfrage. http://www.rundstedt.de/presse/pressemitteilungen/talents-trends-umfrage-zeigt-die-top-10-leistungsanreize-fuer-deutsche-arbeitnehmer. Zugegriffen: 30. Okt. 2019.

Schinzilarz, C. (2016). *Gerechtes Sprechen. Ich sage, was ich meine. Das Kommunikationsmodell in der Anwendung* (2. Aufl.). Weinheim: Beltz.

Schuhmacher, F., & Geschwill, R. (2014). *Employer Branding: Human Resources Management für die Unternehmensführung* (2. Aufl.). Wiesbaden: Springer Gabler.

Schulz von Thun, F. (2013). *Miteinander reden Teil 1: Störungen und Klärungen: Die Psychologie der Kommunikation*. Audio-CD. Berlin: Argon Balance.

Schweizer, J. (2014). TMI, von wegen too much information! Ein Must-read über Talent-Management International. http://www.intraworlds.de/talent-blog/2014/01/internationales-talent-management/. Zugegriffen: 27. Okt. 2019.

Semar, W. (2004). Entwicklung eines Anreizsystems zur Unterstützung kollaborativ verteilter Formen der Aneignung und Produktion von Wissen in der Ausbildung. http://www.semar.de/WS/publikationen/gmw04-semar-cc.pdf. Zugegriffen: 30. Sept. 2019.

Sonder, A. (2019). Wie können wir eine gesunde Arbeitswelt schaffen? www.zukunftderarbeit.de/2019/07/10/wie-koennen-wir-eine-gesunde-arbeitswelt-schaffen/. Zugegriffen: 25. Sept. 2019.

Speck, A. (2019). Müssen Führungskräfte heute Digitalhelden sein? https://www.springerprofessional.de/fuehrungsqualitaet/leadership/muessen-fuehrungskraefte-heute-digitalhelden-sein-/16738086. Zugegriffen: 30. Okt. 2019.

Sprenger, R. K. (2014). *Mythos Motivation – Wege aus einer Sackgasse* (20. Aufl.). Frankfurt: Campus.

Sprenger, R. K. (2018). Was man festhält, flieht. In A. Ritz & N. Thom (Hrsg.), *Talent-Management, Talente identifizieren, Kompetenzen entwickeln, Leistungsträger erhalten* (3. Aufl., S. 281–286). Wiesbaden: Springer.

Stahl, G., Björkman, I., Farndale, E., Morris, S., Paauwe, J., Stiles, P., Trevor, J., & Wright, P. (2012). Six principles of effective global talent-management. Sloan management review. http://www.xbhr.com/news/wp-content/uploads/2012/04/Effective-Global-Talent-Management.pdf. Zugegriffen: 28. Okt. 2019.

Strack, R. (2019). Deutschland für Digitalexperten zweitbeliebtester Arbeitsmarkt der Welt. https://crosswater-job-guide.com/archives/76398/deutschland-fuer-digitalexperten-zweitbeliebtester-arbeitsmarkt-der-welt/. Zugegriffen: 29. Okt. 2019.

Straube, S., & Schwartz, T. (2016). Hybride Teams in der digitalen Vernetzung der Zukunft. file:///C:/Users/sypi01/Desktop/Daten/DFKI/Führungskräfteentwicklung/Literatur/straube-HybrideTeams-in-der-digitalen-Vernetzung-derZukunft_IM-2016-2(1).pdf. Zugegriffen: 29. Okt. 2019.

Suutari, V., Wurtz, O., & Tornikoski, C. (2014). How to attract and retain global careerists: Evidence from Finland. In A. Al Ariss (Hrsg.), *Global talent-management, challenges, strategies, and opportunities*. Heidelberg: Springer.

Tagesspiegel. (2016). Moderne Arbeit: Jeder Zweite checkt seine E-Mails nach Feierabend. https://www.tagesspiegel.de/wirtschaft/moderne-arbeit-jeder-zweite-checkt-seine-e-mails-nach-feierabend/13923192.html. Zugegriffen: 28. Okt. 2019.

Thom, N., & Nesemann, K. (2011). Talententwicklung durch Trainee-Programme. In A. Ritz & N. Thom (Hrsg.), *Talent-Management, Talente identifizieren, Kompetenzen entwickeln, Leistungsträger erhalten* (2. Aufl., S. 25–38). Wiesbaden: Springer.

Thom, N., & Ritz, A. (2019). *Public Management. Innovative Konzepte zur Führung im öffentlichen Sektor* (6. Aufl.) Wiesbaden: Gabler.

Thom, N., & Sinelli, P. (2010). Talent Management im öffentlichen Sektor: Herausforderungen für Führungskräfte und Personalverantwortliche. http://www.sgvw. ch/2010/09/10/talent-management-im-oeffentlichen-sektor-herausforderungen-fuer-fuehrungskraefte-und-personalverantwortliche/. Zugegriffen: 4. Nov. 2019.

Thomas, A. (2003). Interkulturelle Kompetenz. Grundlagen, Probleme und Konzepte. *Erwägen – Wissen – Ethik, 14*(1), 137–150.

TK. (2019). Warum BGM? https://www.tk.de/firmenkunden/gesund-arbeiten/betriebliche-gesundheitsfoerderung/betriebliches-gesundheitsmanagement/warum-bgm-2035798. Zugegriffen: 28. Okt. 2019.

Tscheuschner, M., & Wagner, H. (2012). *30 Minuten TMS – Team Management System*. Offenbach: Gabal.

Tutt, C. (2019). Vorsicht Homeoffice! www.wiwo.de/erfolg/beruf/fehlzeiten-report-2019-vorsicht-homeoffice/25021768.html. Zugegriffen: 27. Sept. 2019.

Welpe, I. M., Brosi, P., & Schwarzmüller, T. (2018). *Digital Work Desig. Die Big Five für Arbeit, Führung und Organisation im digitalen Zeitalter*. Frankfurt: Campus.

ZIES. (2018). Stress – was ist das eigentlich? https://headache-hurts.de/infos/was_ist_ stress. Zugegriffen: 30. Okt. 2019.

Printed in the United States
By Bookmasters